Newport Community Learning
and Libraries

Z801597

D1758606

Community Learning & Libraries
Cymuned Ddysgu a Llyfrgelloedd

Newport
CITY COUNCIL
CYNGOR DINAS
Casnewydd

This item should be returned or renewed by the
last date stamped below.

J510

Newport Library and
Information Service

To renew visit:

www.newport.gov.uk/libraries

Catherine Yemm

Brilliant
PUBLICATIONS

Llyfrau eraill yn yr un gyfres:

Datrys Problemau Mathemateg – Blwyddyn 1   978-1-78317-284-9
Datrys Problemau Mathemateg – Blwyddyn 2   978-1-78317-285-6
Datrys Problemau Mathemateg – Blwyddyn 4   978-1-78317-287-0
Datrys Problemau Mathemateg – Blwyddyn 5   978-1-78317-288-7
Datrys Problemau Mathemateg – Blwyddyn 6   978-1-78317-289-4

Cyhoeddwyd gan Brilliant Publications
Uned10, Sparrow Hall Farm,
Edlesborough, Dunstable, Bedfordshire LU6 2ES

E-bost: info@brilliantpublications.co.uk
gwefan: www.brilliantpublications.co.uk
Ymholiadau cyffredinol:
Ffôn: 01525 222292

Mae'r enw Brilliant Publications a'r logo yn nodau masnach cofrestredig.

Ysgrifennwyd gan Catherine Yemm

Clawr a darluniau gan Frank Endersby

ISBN print: 978-1-78317-286-3
ISBN e-lyfr: 978-1-78317-292-4

© Catherine Yemm 2005

Cyhoeddwyd gyntaf yn 2017. Cyhoeddwyd yn y DU.
10   9   8   7   6   5   4   3   2

Mae Catherine Yemm wedi datgan ei hawl i gael ei chydnabod fel awdur y gwaith hwn yn unol â Deddf Hawlfraint, Dylunio a Phatentau 1988.

Gall athrawon unigol lungopïo tudalennau 9–81 er defnydd dosbarth yn unig, heb ganiatâd ymlaen llaw gan y cyhoeddwr a heb ddatgan i'r Gymdeithas Trwyddedu Cyhoeddwyr. Ni chaniateir atgynhyrchu'r deunyddiau mewn unrhyw ffurf arall neu ar gyfer unrhyw bwrpas arall heb ganiatâd y cyhoeddwr ymlaen llaw.

Cynnwys

Cyflwyniad

Datrys Problemau Mathemateg – Blwyddyn 3 yw'r trydydd llyfr mewn cyfres o chwe llyfr adnoddau ar gyfer gwersi rhifedd. Mae'n cynnwys gofynion datrys problemau y Fframwaith Rhifedd Cenedlaethol. Mae pob llyfr yn addas i flwyddyn ysgol benodol ac yn cynnwys adnoddau y gellir eu llungopïo.

Mae datrys problemau yn rhan bwysig o'r cwricwlwm rhifedd ac mae rhifedd yn bwnc pwysig gan fod plant yn dysgu sgiliau sy'n eu galluogi i ddatrys problemau mewn agweddau eraill o'u bywydau. Nid yw'n ddigon gallu cyfrif, adnabod rhif a chyfrifo; mae ar blant angen gallu defnyddio sgiliau datrys problemau ochr yn ochr â gwybodaeth mathemategol i'w helpu i lwyddo mewn gwahanol sefyllfaoedd 'bywyd go iawn'. Nid yw llawer o'r sgiliau a'r strategaethau datrys problemau sydd eu hangen yn dod yn naturiol felly mae'n rhaid eu haddysgu.

Ni ddylai datrys problemau fod yn faes sy'n cael ei addysgu yn noeth ar ei ben ei hun ond mae'n un y dylid ei addysgu ochr yn ochr â meysydd mathemateg eraill megis rhif, siâp, gofod a mesurau. Bydd plant yn elwa o gael cyfleoedd i ddatrys problemau mewn meysydd eraill o'r cwricwlwm ac allan o'r dosbarth yn ogystal ag mewn gwersi penodol ar rifedd.

Pan yn addysgu plant i ddatrys problemau mae nifer o bwyntiau y dylid eu hystyried:

- Dylai hyd y problemau amrywio yn dibynnu ar oedran y grŵp. Bydd plant yn elwa o gael problemau byr, canolig ac estynedig.
- Dylai problemau ar un dudalen neu mewn un wers fod yn amrywiol fel nad yw'r plant yn cymryd yn ganiataol mai problemau 'lluosi' ydyn nhw, er enghraifft, ac felly yn lluosi'r rhifau maen nhw'n eu gweld er mwyn cael yr atebion.
- Mae'n rhaid i'r problemau amrywio o ran cymhlethdod: dylai bod rhai problemau un cam a rhai dau gam a dylai'r eirfa ym mhob problem fod yn wahanol.
- Yn dibynnu ar oedran y plant gellid cyflwyno'r problemau ar lafar neu'n ysgrifenedig.
- Pan yn gosod problemau ysgrifenedig i'w datrys efallai y bydd ar rai plant angen help i ddarllen y geiriau, er nad yw hyn o reidrwydd yn golygu y byddan nhw angen help i ateb y cwestiwn.
- Dylai cyd-destun y broblem wneud synnwyr a bod yn berthnasol i'r plant. Dylai geisio eu hannog i ddod o hyd i'r ateb a bod o ddiddordeb iddyn nhw. Er enghraifft, dylid cynnwys ewros yn ogystal â phunnoedd.

© Catherine Yemm

Mae'r llyfr hwn wedi'i rannu'n dair pennod: 'Datblygu ymresymu rhifyddol', 'Datblygu ymresymu rhifyddol: Adnabod prosesau a chysylltiadau' a 'Defnyddio sgiliau rhif'. Mae pob pennod yn cynnwys chwe gwers, un i'w defnyddio bob hanner tymor.

Datblygu ymresymu rhifyddol

Mae'r llinyn 'Datblygu ymresymu rhifyddol' yn y Fframwaith Rhifedd Cenedlaethol yn nodi y dylai plant Blwyddyn 3 allu 'adnabod y camau a'r wybodaeth briodol sydd eu hangen er mwyn cwblhau'r dasg neu gyrraedd datrysiad.'

Yn y bennod hon mae'r pwyslais ar ddewis ac yna defnyddio'r gweithrediad cywir i ddatrys problem. Ym Mlwyddyn 3 mae plant yn datblygu eu sgiliau adio, tynnu, lluosi a rhannu a dylen nhw ddeall bod angen dulliau gwahanol i ddatrys gwahanol broblemau. Dylid rhoi'r cyfle i'r plant daclo problemau cymysg fel eu bod yn dysgu sut i feddwl yn agored a gwneud penderfyniad yn seiliedig ar yr eirfa a ddefnyddir a'r cwestiwn ei hun. Os nad yw plant yn cael dysgu'r sgiliau dewis hyn yna mae'n gyffredin iawn iddyn nhw dybio mai adio yw'r ffordd i ddod o hyd i ateb i gwestiwn gyda dau rif. Mae cymysgedd o gwestiynau yn y bennod hon a gall y bydd gofyn i'r plant ddefnyddio unrhyw un o'r pedwar gweithrediad. Mae cynnydd drwy'r bennod yn unol â gofynion y Fframwaith Rhifedd. Yng ngwersi 1 a 2 bydd y cwestiynau yn rhai un cam. Yn y gwersi dilynol maen nhw'n broblemau un neu ddau gam. Mae'r cwestiynau wedi'u llunio i ganiatáu i'r plant ddatrys problemau mewn nifer o gyd-destunau perthnasol.

Pan mae'r plant yn cwblhau'r cwestiynau dylech eu hannog i feddwl am y cyfrifo mae'n rhaid iddyn nhw ei wneud a'i ysgrifennu. Dylid eu hannog hefyd i gofnodi beth maen nhw'n ei ddefnyddio i gael yr ateb. Yn y sesiwn gloi dylech annog y plant i esbonio eu dull i'r plant eraill.

Mae'r amcanion datrys problemau yn gysylltiedig â'r gofynion a geir o dan y pennawd 'Adolygu'. Ar ôl dewis a defnyddio'r gweithrediad cywir gellid annog y plant i ddefnyddio dull i wirio eu hatebion drwy ddefnyddio gwrthdro, ailadrodd y cyfrifiad mewn trefn wahanol, neu wirio gyda chyfrifiad cywerth.

Datblygu ymresymu rhifyddol: Adnabod prosesau a chysylltiadau

Yn ôl amcanion y Fframwaith Rhifedd Cenedlaethol dylai plant Blwyddyn 3 allu:

- adnabod y camau a'r wybodaeth briodol sydd eu hangen er mwyn cwblhau'r dasg neu gyrraedd datrysiad
- dewis mathemateg a thechneg briodol i'w defnyddio
- dewis a defnyddio offer ac unedau mesur addas
- dewis strategaeth feddwl neu ysgrifenedig briodol a gwybod pryd mae'n briodol defnyddio cyfrifiannell
- egluro canlyniadau a gweithdrefnau'n glir drwy ddefnyddio ieithwedd fathemategol

- mireinio dulliau anffurfiol o gofnodi cyfrifidau ysgrifenedig, gan symud i ddulliau cyfrifo ffurfiol pan fyddant wedi datblygu digon i wneud hynny
- defnyddio nodiant, symbolau ac unedau mesur priodol
- dewis a llunio siartiau, diagramau a graffiau priodol a chanddynt raddfeydd addas.

Mae'r gweithgareddau yn y bennod hon yn gymysgedd o broblemau, posau a datganiadau. Mae gwersi 1, 3 a 5 yn ymwneud â siapiau, ac mae gwersi 2, 4 a 6 yn ymwneud â rhif. Pan geir datganiad megis 'Mae pedwar eilrif rhwng 11 a 19.', dylai'r plant gael eu hannog i roi enghreifftiau i brofi'r datganiad, er enghraifft dylen nhw roi'r rhifau 12, 14, 16, 18. Gall eraill fod yn gwestiynau mwy amlwg sydd angen ateb. Dylai'r athro geisio rhoi amser i siarad gyda'r plant tra'u bod yn gweithio er mwyn rhoi'r cyfle iddyn nhw i esbonio eu dulliau a'u rhesymu ar lafar ac i roi cyfle iddyn nhw ofyn cwestiynau megis ' Beth os…?' Bydd y sesiwn gloi ar ddiwedd y wers hefyd yn rhoi'r cyfle i wneud hyn.

Defnyddio sgiliau rhif

Mae'r gwahanol elfennau o dan 'Defnyddio sgiliau rhif ' y Fframwaith Rhifedd yn nodi y dylai plant Blwyddyn 3 allu:

- darllen ac ysgrifennu rhifau hyd at 1000
- cymharu ac amcangyfrif gyda rhifau hyd at 100
- defnyddio strategaethau meddwl i alw ffeithiau rhif i gof o fewn 20
- galw tablau lluosi 2, 3, 4, 5 a 10 i gof a'u defnyddio i ddatrys problemau lluosi a rhannu
- lluosi rhifau â 10
- defnyddio haneri a chwarteri
- haneru rhifau 2 ddigid yng nghyd-destun rhif, arian a mesuriadau
- canfod symiau ffracsiwn yn gysylltiedig â'r ffeithiau sy'n hysbys am luosi, e.e. 1/3 o 18, 1/5 o 15
- canfod gwahaniaethau o fewn 100
- defnyddio strategaethau meddwl i adio a thynnu rhifau 2 ddigid
- dosrannu er mwyn dyblu a haneru rhifau 2 ddigid
- defnyddio adio i wirio tynnu
- defnyddio dyblu i wirio haneru
- adio droeon i wirio lluosi.

Mae'r gweithgareddau yn y bennod hon yn 'broblemau geiriau'. Bwriedir i'r cyd-destunau fod yn realistig ac yn berthnasol i blant oedran Blwyddyn 3. Mae'r cwestiynau yn gofyn am weithrediadau adio, tynnu, lluosi a rhannu ac mae'r cwestiynau yn ymwneud ag arian, mesurau a sefyllfaoedd bob dydd. Mae'r datblygiad yn y bennod yn cyd-fynd â'r Fframwaith Rhifedd. I ddechrau ceir cwestiynau un cam, yn nes ymlaen maen nhw'n gwestiynau dau gam.

Dylai'r athro geisio rhoi amser i siarad gyda'r plant tra'u bod yn gweithio er mwyn rhoi cyfle iddyn nhw esbonio eu dulliau a'u rhesymu ar lafar. Bydd y sesiwn gloi ar ddiwedd y wers hefyd yn rhoi'r cyfle i wneud hyn.

Mae'r gofynion datrys problemau yn gysylltiedig â'r gofynion a geir o dan y pennawd 'Amcangyfrif a gwirio'. Ar ôl dewis a defnyddio'r gweithrediad cywir dyid annog y plant i ddefnyddio dull i wirio eu hatebion, drwy ddefnyddio'r gweithrediadau gwrthdro, drwy ailadrodd y cyfrifiad mewn trefn wahanol, neu drwy wirio gyda chyfrifiad cywerth.

Y wers

Tasg ddechreuol
Gellir dechrau'r wers gyda thasg mathemateg pen 5-10 munud. Gall hyn olygu ymarfer sgîl mathemateg pen penodol ar gyfer yr hanner tymor hwnnw neu yn ddelfrydol amcan sy'n gysylltiedig â'r problemau y bydd y plant yn eu datrys ym mhrif ran y wers. Er enghraifft, os yw'r problemau yn gofyn i'r plant i adio a thynnu yna byddai'n ddefnyddiol treulio 10 munud cyntaf y wers yn atgyfnerthu bondiau adio a thynnu a'r eirfa angenrheidiol.

Y prif gweithgaredd addysgu a gweithgaredd y disgybl
Mae'r llyfr hwn yn ceisio darparu'r holl daflenni gwaith y bydd ar athro eu hangen i gyflwyno'r rhan hon o'r wers yn llwyddiannus. Mae tudalen gyntaf pob gwers yn rhoi enghreifftiau o broblemau sydd angen eu datrys. Bydd yr athro'n defnyddio'r daflen ateb wag i fynd drwy'r enghreifftiau gyda'r dosbarth cyn cyflwyno'r dosbarth i'r cwestiynau y gallan nhw eu gwneud eu hunain. Dylai'r athro ddangos sut i ddatrys y broblem gan ddefnyddio'r sgiliau sy'n berthnasol i allu'r plant yn y dosbarth, er enghraifft defnyddio lluniau, cownteri a llinellau rhif.

Unwaith y bydd y plant wedi gweld nifer o enghreifftiau byddan nhw'n barod i roi cynnig ar ddatrys cwestiynau eu hunain. O fewn pob gwers mae dewis o dair taflen waith wedi'u gwahaniaethu. Mae'r cwestiynau ar y taflenni gwaith yr un fath ond mae lefel cymhlethdod mathemategol yn amrywio. Mae hyn yn sicrhau bod y cwestiynau wedi'u gwahaniaethu yn unol â gallu mathemategol y plentyn yn unig. Bydd hefyd yn sicrhau y gall pob plentyn gymryd rhan yr un pryd pan yn mynd drwy'r cwestiynau yn y sesiwn gloi. Er enghraifft, mewn cwestiwn sy'n cynnwys adio tri rhif efallai bydd rhaid i blant adio tri rhif gwahanol ond pan fydd yr athro yn eu tywys drwy'r cwestiwn bydd y ffaith mai adio sydd angen ei wneud i ddatrys y broblem yn un bwysig fydd yn cael ei hatgyfnerthu. Os ydy'r plant yn ateb cwestiynau hollol wahanol yna pan mae'r athro'n mynd drwy'r cwestiynau yn y sesiwn gloi bydd yn rhaid i rai grwpiau o blant eistedd yn llonydd gan nad oedd y cwestiwn hwn ganddyn nhw ar eu taflen. Os yw'r athro'n teimlo y byddai rhai plant yn gweld budd o gael cwestiynau haws neu anos yna gallan nhw newid y rhifau ar y taflenni i rai sy'n fwy addas.

Y sesiwn gloi

Un o'r pethau pwysig mewn datrys problemau ydy trafod sut y gellir eu datrys ac mae'r sesiwn gloi yn benthyg ei hun i hyn yn dda iawn. Ar ôl i'r plant orffen y problemau gellir defnyddio'r sesiwn gloi i:

- drafod yr eirfa a ddefnyddiwyd yn y problemau
- trafod sut gellir mynd ati i ddatrys y broblem
- torri problem yn gamau llai
- rhestru'r gweithrediadau a'r cyfrifiadau ddefnyddiwyd i ddatrys y broblem
- trafod a oes mwy nag un ffordd i ddatrys y broblem
- trafod sut gellir gwirio'r atebion
- rhoi gwybod beth ydy'r atebion i nifer o'r cwestiynau.

Cefnogaeth

Er gwaethaf eu gallu mathemategol bydd llawer o blant yr oedran hwn yn ei gweld yn anodd i ddarllen y cwestiynau a deall yr eirfa. Dylid rhoi cefnogaeth i'r plant hynny sydd ei angen i ddarllen fel eu bod yn cael y cyfle i ymarfer eu sgiliau mathemategol. Efallai bydd angen i oedolion ysgrifennu ar ran rhai plant.

Gwaith ymestynnol

Efallai bydd angen ymestyn ymhellach y plant hynny sy'n gweld y gwaith yn eithaf hawdd. Yn ogystal â rhoi'r cwestiynau mwy heriol iddyn nhw gellid gofyn iddyn nhw wneud cwestiynau eu hunain a fydd yn cynnwys yr un gweithrediadau.

Adnoddau

Byddai'n ddefnyddiol, ar gyfer rhai cwestiynau, gwneud yn siwr bod yr adnoddau canlynol ar gael i'r plant:

- Cownteri
- Llinellau rhif hyd at 100
- Ciwbiau aml-gyswllt
- Dewis o siapiau 2D a 3D
- Darnau arian gwahanol
- Clociau analog gyda bysedd sy'n symud.

Atebion

Rydyn ni wedi darparu atebion lle'n bosib, ond mae sawl ateb i rai o'r cwestiynau neu mae rhai sydd angen trafodaeth dosbarth. Mae rhai cwestiynau yn gofyn i'r plant ddangos eu dealltwriaeth drwy wneud stori gyda'r rhifau a nodir, ac mae eraill yn ddatganiadau lle mae angen i'r plant roi enghraifft sy'n cefnogi'r ffaith.

 © Catherine Yemm

Taflen ateb i'w llungopïo

Gellir llungopïo'r dudalen hon gan y sefydliad sy'n prynu yn unig.

Bydd rhaid i mi _____

Byddaf yn defnyddio _____ i'm helpu

Yr ateb ydy _____

Bydd rhaid i mi _____

Byddaf yn defnyddio _____ i'm helpu

Yr ateb ydy _____

Bydd rhaid i mi _____

Byddaf yn defnyddio _____ i'm helpu

Yr ateb ydy _____

Datblygu ymresymu rhifyddol

Gweithgaredd dosbarth cyfan

Mae 32 o bobl yn aros i fynd ar y ffigar-êt yn y ffair. Mae 12 ohonyn nhw yn penderfynu ei fod yn rhy frawychus ac yn gadael y ciw. Faint o bobl sy'n aros i fynd ar y reid nawr?

Mae John ac Elwyn yn gwagio'u pocedi i weld faint o arian sydd ganddyn nhw. Mae gan John £1.20 ac Elwyn £1.40. Faint o arian sydd ganddyn nhw gyda'i gilydd?

Gwnewch stori rhif gyda'r rhifau hyn:

$136 + 145 = 281$

Gellir llungopïo'r dudalen hon gan y sefydliad sy'n prynu yn unig.

© Catherine Yemm

1.

Pa arwydd gweithrediad sydd ar goll?

95 * 22 = 73

Bydd rhaid i mi _____.
Byddaf yn defnyddio _____ i'm helpu. Yr ateb ydy _____

2.

Mae ar Lauren angen 2 mandarin i addurno un gacen. Mae arni angen addurno 6 cacen. Sawl mandarin fydd arni eu hangen?

Bydd rhaid i mi _____.
Byddaf yn defnyddio _____ i'm helpu. Yr ateb ydy _____

3.

Mae Dewi wedi bod yn casglu darnau 20c mewn jar. Pan mae'n gwagio'r jar mae'n cyfrif ei arian ac mae ganddo £2.00. Sawl darn 20c mae e wedi'u casglu?

Bydd rhaid i mi _____.
Byddaf yn defnyddio _____ i'm helpu. Yr ateb ydy _____

4.

Mae gan Branwen apwyntiad gyda'r deintydd am 3.00 pm. Mae'r deintydd 10 munud yn hwyr yn ei gweld. Mae ei thriniaeth yn cymryd 5 munud. Yna mae'n treulio 5 munud yn talu ac yn gwneud apwyntiad arall. Faint o'r gloch mae'n gadael y ddeintyddfa?

Bydd rhaid i mi _____.
Byddaf yn defnyddio _____ i'm helpu. Yr ateb ydy _____

5.

Mae Joshua a Siôn yn chwarae pêl-fasged. Mae Joshua yn sgorio 2 gôl ac yna Siôn yn sgorio 3. Mae Joshua wedyn yn sgorio 3 arall a Siôn yn sgorio 2 arall. Sawl gôl maen nhw wedi'u cael i gyd?

Bydd rhaid i mi _____.
Byddaf yn defnyddio _____ i'm helpu. Yr ateb ydy _____

6.

Mae ar mam Dafydd angen 2 beint o laeth i wneud ysgytlaeth siocled i Dafydd a'i ffrindiau. Mae'n anfon Dafydd i'r siop i brynu llaeth. Mae 1 peint o laeth yn costio 30c. Faint o arian mae ar Dafydd ei angen?

Bydd rhaid i mi _____.
Byddaf yn defnyddio _____ i'm helpu. Yr ateb ydy _____

Gellir llungopïo'r dudalen hon gan y sefydliad sy'n prynu yn unig.

www.brilliantpublications.co.uk

© Catherine Yemm

Datrys Problemau Mathemateg – Blwyddyn 3

11

Datblygu ymresymu rhifyddol

1. Pa arwydd gweithrediad sydd ar goll?

   135 * 42 = 93

   Bydd rhaid i mi _____.
   Byddaf yn defnyddio _____ i'm helpu. Yr ateb ydy_____

   •

2. Mae ar Lauren angen 2 mandarin i addurno un gacen. Mae arni angen addurno 8 cacen. Sawl mandarin fydd arni eu hangen?

   Bydd rhaid i mi _____.
   Byddaf yn defnyddio _____ i'm helpu. Yr ateb ydy_____

   •

3. Mae Dewi wedi bod yn casglu darnau 20c mewn jar. Pan mae'n gwagio'r jar mae'n cyfrif ei arian ac mae ganddo £2.60. Sawl darn 20c mae e wedi'u casglu?

   Bydd rhaid i mi _____.
   Byddaf yn defnyddio _____ i'm helpu. Yr ateb ydy_____

   •

4. Mae gan Branwen apwyntiad gyda'r deintydd am 3.00 pm. Mae'r deintydd 10 munud yn hwyr yn ei gweld. Mae ei thriniaeth yn cymryd 16 munud. Yna mae'n treulio 5 munud yn talu ac yn gwneud apwyntiad arall. Faint o'r gloch mae'r gadael y ddeintyddfa?

   Bydd rhaid i mi _____.
   Byddaf yn defnyddio _____ i'm helpu. Yr ateb ydy_____

   •

5. Mae Joshua a Siôn yn chwarae pêl-fasged. Mae Joshua yn sgorio 3 gôl ac yna Siôn yn sgorio 5. Mae Joshua wedyn yn sgorio 7 arall a Siôn yn sgorio 8 arall. Sawl gôl maen nhw wedi'u cael i gyd?

   Bydd rhaid i mi _____.
   Byddaf yn defnyddio _____ i'm helpu. Yr ateb ydy_____

   •

6. Mae ar mam Dafydd angen 4 peint o laeth i wneud ysgytlaeth siocled i Dafydd a'i ffrindiau. Mae'n anfon Dafydd i'r siop i brynu llaeth. Mae 1 peint o laeth yn costio 30c. Faint o arian mae ar Dafydd ei angen?

   Bydd rhaid i mi _____.
   Byddaf yn defnyddio _____ i'm helpu. Yr ateb ydy_____

Gellir llungopïo'r dudalen hon gan y sefydliad sy'n prynu yn unig.

© Catherine Yemm

1.

Pa arwydd gweithrediad sydd ar goll?

185 * 62 = 123

Bydd rhaid i mi _____.

Byddaf yn defnyddio _____ i'm helpu. Yr ateb ydy _____

2.

Mae ar Lauren angen 2 mandarin i addurno un gacen. Mae arni angen addurno 12 cacen. Sawl mandarin fydd arni eu hangen?

Bydd rhaid i mi _____.

Byddaf yn defnyddio _____ i'm helpu. Yr ateb ydy _____

3.

Mae Dewi wedi bod yn casglu darnau 20c mewn jar. Pan mae'n gwagio'r jar mae'n cyfrif ei arian ac mae ganddo £7.60. Sawl darn 20c mae e wedi'u casglu?

Bydd rhaid i mi _____.

Byddaf yn defnyddio _____ i'm helpu. Yr ateb ydy _____

4.

Mae gan Branwen apwyntiad gyda'r deintydd am 3.00 pm. Mae'r deintydd 16 munud yn hwyr yn ei gweld. Mae ei thriniaeth yn cymryd 12 munud. Yna mae'n treulio 7 munud yn talu ac yn gwneud apwyntiad arall. Faint o'r gloch mae'n gadael y ddeintyddfa?

Bydd rhaid i mi _____.

Byddaf yn defnyddio _____ i'm helpu. Yr ateb ydy _____

5.

Mae Joshua a Siôn yn chwarae pêl-fasged. Mae Joshua yn sgorio 6 gôl ac yna Siôn yn sgorio 7. Mae Joshua wedyn yn sgorio 8 arall a Siôn yn sgorio 9 arall. Sawl gôl maen nhw wedi'u cael i gyd?

Bydd rhaid i mi _____.

Byddaf yn defnyddio _____ i'm helpu. Yr ateb ydy _____

6.

Mae ar mam Dafydd angen 8 peint o laeth i wneud ysgytlaeth siocled i Dafydd a'i ffrindiau. Mae'n anfon Dafydd i'r siop i brynu llaeth. Mae 1 peint o laeth yn costio 30c. Faint o arian mae ar Dafydd ei angen?

Bydd rhaid i mi _____.

Byddaf yn defnyddio _____ i'm helpu. Yr ateb ydy _____

Gellir llungopïo'r dudalen hon gan y sefydliad sy'n prynu yn unig.

Datblygu ymresymu rhifyddol

Gweithgaredd dosbarth cyfan

Mae Holly a Jo yn cyfrif sisyrnau'r dosbarth. Dylai bod 45 ohonyn nhw ond dim ond 27 sydd yna. Faint sydd ar goll?

Pa arwydd gweithrediad sydd ar goll?

92 * 31 = 61

Dylai'r bws ysgol gyrraedd yr ysgol am 3.30 pm ond mae 27 munud yn hwyr. Faint o'r gloch mae'r bws yn cyrraedd?

www.brilliantpublications.co.uk
Gellir llungopio'r dudalen hon gan y sefydliad sy'n prynu yn unig.

14   **Datrys Problemau Mathemateg – Blwyddyn 3**
© Catherine Yemm

1. Mae Manon wedi prynu tocyn i weld ei hoff ganwr mewn sioe. Mae wedi talu £10 am y tocyn. Talodd Tesni, ei ffrind, ddwywaith hynny. Faint dalodd ei ffrind?

Bydd rhaid i mi _____.
Byddaf yn defnyddio _____ i'm helpu. Yr ateb ydy _____

2. Mae 2 bochew gan bob un o'r 6 dosbarth yn ysgol Sara. Sawl bochdew sydd yn yr ysgol?

Bydd rhaid i mi _____.
Byddaf yn defnyddio _____ i'm helpu. Yr ateb ydy _____

3. Amser cinio mae'n rhaid i'r plant yn yr ysgol eistedd mewn grwpiau o 6 o gwmpas y bwrdd. Faint o blant sy'n gallu eistedd o gwmpas 2 fwrdd?

Bydd rhaid i mi _____.
Byddaf yn defnyddio _____ i'm helpu. Yr ateb ydy _____

4. Mae pen-blwydd Gareth ar 10 Mai. Mae pen-blwydd Emma wythnos wedyn. Pryd mae pen-blwydd Emma?

Bydd rhaid i mi _____.
Byddaf yn defnyddio _____ i'm helpu. Yr ateb ydy _____

5. Gwnewch stori rhif gyda'r rhifau hyn:

54 + 70 = 124

6. Mae Glesni yn rhannu bocs o siocled gyda'i ffrindiau. Mae 26 siocled yn y bocs ac mae wedi rhoi un i bob un o'i 8 ffrind. Sawl siocled sydd ar ôl?

Bydd rhaid i mi _____.
Byddaf yn defnyddio _____ i'm helpu. Yr ateb ydy _____

Gellir llungopïo'r dudalen hon gan y sefydliad sy'n prynu yn unig.

www.brilliantpublications.co.uk

© Catherine Yemm

Gwers 2b

1. Mae Manon wedi prynu tocyn i weld ei hoff ganwr mewn sioe. Mae wedi talu £25 am y tocyn. Talodd Tesni, ei ffrind, ddwywaith hynny. Faint dalodd ei ffrind?

Bydd rhaid i mi _____.

Byddaf yn defnyddio _____ i'm helpu. Yr ateb ydy_____

2. Mae 4 bochew gan bob un o'r 6 dosbarth yn ysgol Sara. Sawl bochdew sydd yn yr ysgol?

Bydd rhaid i mi _____.

Byddaf yn defnyddio _____ i'm helpu. Yr ateb ydy_____

3. Amser cinio mae'n rhaid i'r plant yn yr ysgol eistedd mewn grwpiau o 6 o gwmpas y bwrdd. Faint o blant sy'n gallu eistedd o gwmpas 4 bwrdd?

Bydd rhaid i mi _____.

Byddaf yn defnyddio _____ i'm helpu. Yr ateb ydy_____

4. Mae pen-blwydd Gareth ar 10 Mai. Mae pen-blwydd Emma pythefnos wedyn. Pryd mae pen-blwydd Emma?

Bydd rhaid i mi _____.

Byddaf yn defnyddio _____ i'm helpu. Yr ateb ydy_____

5. Gwnewch stori rhif gyda'r rhifau hyn:

$84 + 110 = 194$

_____

6. Mae Glesni yn rhannu bocs o siocled gyda'i ffrindiau. Mae 32 siocled yn y bocs ac mae wedi rhoi un i bob un o'i 12 ffrind. Sawl siocled sydd ar ôl?

Bydd rhaid i mi _____.

Byddaf yn defnyddio _____ i'm helpu. Yr ateb ydy_____

Gellir llungopïo'r dudalen hon gan y sefydliad sy'n prynu yn unig.
© Catherine Yemm

1.

Mae Manon wedi prynu tocyn i weld ei hoff ganwr mewn sioe. Mae wedi talu £29 am y tocyn. Talodd Tesni, ei ffrind, ddwywaith hynny. Faint dalodd ei ffrind?

Bydd rhaid i mi _____.

Byddaf yn defnyddio _____ i'm helpu. Yr ateb ydy _____

2.

Mae 5 bochew gan bob un o'r 6 dosbarth yn ysgol Sara. Sawl bochdew sydd yn yr ysgol?

Bydd rhaid i mi _____.

Byddaf yn defnyddio _____ i'm helpu. Yr ateb ydy _____

3.

Amser cinio mae'n rhaid i'r plant yn yr ysgol eistedd mewn grwpiau o 6 o gwmpas y bwrdd. Faint o blant sy'n gallu eistedd o gwmpas 5 bwrdd?

Bydd rhaid i mi _____.

Byddaf yn defnyddio _____ i'm helpu. Yr ateb ydy _____

4.

Mae pen-blwydd Gareth ar 10 Mai. Mae pen-blwydd Emma dair wythnos wedyn. Pryd mae pen-blwydd Emma?

Bydd rhaid i mi _____.

Byddaf yn defnyddio _____ i'm helpu. Yr ateb ydy _____

5.

Gwnewch stori rhif gyda'r rhifau hyn:

124 + 112 = 236

6.

Mae Glesni yn rhannu bocs o siocled gyda'i ffrindiau. Mae 54 siocled yn y bocs ac mae wedi rhoi un i bob un o'i 22 ffrind. Sawl siocled sydd ar ôl?

Bydd rhaid i mi _____.

Byddaf yn defnyddio _____ i'm helpu. Yr ateb ydy _____

Gellir llungopïo'r dudalen hon gan y sefydliad sy'n prynu yn unig.

© Catherine Yemm

Datblygu ymresymu rhifyddol

Yn ffreutur yr ysgol mae gellyg a bananas yn costio 5c yr un. Faint fyddai 7 gellyg a 2 fanana yn ei gostio?

Mae egwyl yr ysgol yn para 20 munud. Mae Meurig yn treulio 2 funud yn bwyta afal a'r 4 munud nesaf yn siarad gyda'i ffrind. Faint o amser sydd ganddo ar ôl i chwarae pêl-droed cyn i'r gloch ganu?

Mae Daisy wedi tyfu 10cm bob blwyddyn. Os yw'n parhau i dyfu fel hyn faint fydd hi wedi'i dyfu yn y 6 mlynedd nesaf?

Gellir llungopïo'r dudalen hon gan y sefydliad sy'n prynu yn unig.

Datrys Problemau Mathemateg – Blwyddyn 3
© Catherine Yemm

1.

Mae Sophie yn pwyso 40g o flawd i wneud crempogau. Mae'n colli hanner ohono ar y llawr ar ddamwain. Faint o flawd sydd ganddi ar ôl?

Bydd rhaid i mi _____.

Byddaf yn defnyddio _____ i'm helpu. Yr ateb ydy _____

2.

Dw i'n meddwl am rif, yn ei ddyblu ac yn adio 8. Yr ateb ydy 20. Beth oedd fy rhif?

Bydd rhaid i mi _____.

Byddaf yn defnyddio _____ i'm helpu. Yr ateb ydy _____

3.

Gwnewch stori rhif gyda:

6 x 2 = 12

4.

Mae'r bws i fod i gyrraedd yr ysgol am 8.00 am. Mae awr yn hwyr. Faint o'r gloch mae'n cyrraedd yr ysgol?

Bydd rhaid i mi _____.

Byddaf yn defnyddio _____ i'm helpu. Yr ateb ydy_____

5.

Mae brechdan ham o ffreutur yr ysgol yn costio £1.10. Mae brechdan gaws yn costio 20c yn fwy. Faint mae brechdan gaws yn ei gostio?

Bydd rhaid i mi _____.

Byddaf yn defnyddio _____ i'm helpu. Yr ateb ydy_____

6.

Pa arwydd gweithrediad sydd ar goll?

8 * 5 = 40

Bydd rhaid i mi _____.

Byddaf yn defnyddio _____ i'm helpu. Yr ateb ydy_____

Gellir llungopïo'r dudalen hon gan y sefydliad sy'n prynu yn unig.

www.brilliantpublications.co.uk

Gwers 3b

1. Mae Sophie yn pwyso 100g o flawd i wneud crempogau. Mae'n colli hanner ohono ar y llawr ar ddamwain. Faint o flawd sydd ganddi ar ôl?

Bydd rhaid i mi _____.

Byddaf yn defnyddio _____ i'm helpu. Yr ateb ydy_____

• •

2. Dw i'n meddwl am rif, yn ei ddyblu ac yn adio 8. Yr ateb ydy 42. Beth oedd fy rhif?

Bydd rhaid i mi _____.

Byddaf yn defnyddio _____ i'm helpu. Yr ateb ydy_____

• •

3. Gwnewch stori rhif gyda:

13 x 2 = 26

• •

4. Mae'r bws i fod i gyrraedd yr ysgol am 8.30 am. Mae 15 munud yn hwyr. Faint o'r gloch mae'n cyrraedd yr ysgol?

Bydd rhaid i mi _____.

Byddaf yn defnyddio _____ i'm helpu. Yr ateb ydy_____

• •

5. Mae brechdan ham o ffreutur yr ysgol yn costio £1.50. Mae brechdan gaws yn costio 35c yn fwy. Faint mae brechdan gaws yn ei gostio?

Bydd rhaid i mi _____.

Byddaf yn defnyddio _____ i'm helpu. Yr ateb ydy_____

• •

6. Pa arwydd gweithrediad sydd ar goll?

11 * 5 = 55

Bydd rhaid i mi _____.

Byddaf yn defnyddio _____ i'm helpu. Yr ateb ydy_____

Gellir llungopïo'r dudalen hon gan y sefydliad sy'n prynu yn unig.
© Catherine Yemm

1. Mae Sophie yn pwyso 200g o flawd i wneud crempogau. Mae'n colli hanner ohono ar y llawr ar ddamwain. Faint o flawd sydd ganddi ar ôl?

Bydd rhaid i mi _____.
Byddaf yn defnyddio _____ i'm helpu. Yr ateb ydy _____

2. Dw i'n meddwl am rif, yn ei ddyblu ac yn adio 8. Yr ateb ydy 76. Beth oedd fy rhif?

Bydd rhaid i mi _____.
Byddaf yn defnyddio _____ i'm helpu. Yr ateb ydy _____

3. Gwnewch stori rhif gyda:
26 x 2 = 52

4. Mae'r bws i fod i gyrraedd yr ysgol am 8.30 am. Mae 25 munud yn hwyr. Faint o'r gloch mae'n cyrraedd yr ysgol?

Bydd rhaid i mi _____.
Byddaf yn defnyddio _____ i'm helpu. Yr ateb ydy _____

5. Mae brechdan ham o ffreutur yr ysgol yn costio £1.75. Mae brechdan gaws yn costio 50c yn fwy. Faint mae brechdan gaws yn ei gostio?

Bydd rhaid i mi _____.
Byddaf yn defnyddio _____ i'm helpu. Yr ateb ydy _____

6. Pa arwydd gweithrediad sydd ar goll?

21 * 5 = 105

Bydd rhaid i mi _____.
Byddaf yn defnyddio _____ i'm helpu. Yr ateb ydy _____

www.brilliantpublications.co.uk
© Catherine Yemm

Datblygu ymresymu rhifyddol

Mae Dosbarth 3 wedi cael bocs o bensiliau newydd. Mae 48 pensil a 24 o blant yn y dosbarth. Sawl pensil gaiff pob plentyn?

Mae Cara yn cynilo 15c yr wythnos. Faint o amser wnaiff hi ei gymryd i gynilo £1?

Mae Bethan yn bwyta 2 afal bob diwrnod am wythnos. Sawl afal mae hi'n ei fwyta mewn wythnos?

Gellir llungopïo'r dudalen hon gan y sefydliad sy'n prynu yn unig.

© Catherine Yemm

1.

Mae Jade yn prynu pren mesur am 80c a llyfr am £1.10. Faint mae hi'n ei wario?

Bydd rhaid i mi _____.

Byddaf yn defnyddio _____ i'm helpu. Yr ateb ydy _____

2.

Gwnewch stori rhif gyda:

48 − 16 = 32

3.

Mae Mala yn rhoi cacen siocled yn y popty am hanner awr wedi 3. Mae angen awr i'w choginio. Faint o'r gloch mae'n rhaid iddi ei thynnu o'r popty?

Bydd rhaid i mi _____.

Byddaf yn defnyddio _____ i'm helpu. Yr ateb ydy_____

4.

Mae Reuben ac Alison wedi bod yn casglu dail i'w defnyddio yn y wers gelf. Mae Reuben wedi casglu 28 o ddail ac Alison wedi casglu 13 yn llai na Reuben. Faint mae Alison wedi'u casglu?

Bydd rhaid i mi _____.

Byddaf yn defnyddio _____ i'm helpu. Yr ateb ydy_____

5.

Pan mae'r trên yn gadael yr orsaf mae 35 o deithwyr arni. Mae 11 ohonyn nhw yn mynd oddi ar y trên yn yr orsaf gyntaf. Sawl teithiwr sydd dal ar y trên?

Bydd rhaid i mi _____.

Byddaf yn defnyddio _____ i'm helpu. Yr ateb ydy_____

6.

Pa arwydd gweithrediad sydd ar goll?

38 * 20 = 58

Bydd rhaid i mi _____.

Byddaf yn defnyddio _____ i'm helpu. Yr ateb ydy_____

Gellir llungopïo'r dudalen hon gan y sefydliad sy'n prynu yn unig.

www.brilliantpublications.co.uk

Gwers 4b

1. Mae Jade yn prynu pren mesur am £1.20 a llyfr am £1.35. Faint mae hi'n ei wario?

Bydd rhaid i mi _____.

Byddaf yn defnyddio _____ i'm helpu. Yr ateb ydy_____

2. Gwnewch stori rhif gyda:

$58 - 26 = 32$

3. Mae Mala yn rhoi cacen siocled yn y popty am hanner awr wedi 3. Mae angen awr a hanner i'w choginio. Faint o'r gloch mae'n rhaid iddi ei thynnu o'r popty?

Bydd rhaid i mi _____.

Byddaf yn defnyddio _____ i'm helpu. Yr ateb ydy_____

4. Mae Reuben ac Alison wedi bod yn casglu dail i'w defnyddio yn y wers gelf. Mae Reuben wedi casglu 38 o ddail ac Alison wedi casglu 23 yn llai na Reuben. Faint mae Alison wedi'u casglu?

Bydd rhaid i mi _____.

Byddaf yn defnyddio _____ i'm helpu. Yr ateb ydy_____

5. Pan mae'r trên yn gadael yr orsaf mae 45 o deithwyr arni. Mae 21 ohonyn nhw yn mynd oddi ar y trên yn yr orsaf gyntaf. Sawl teithiwr sydd dal ar y trên?

Bydd rhaid i mi _____.

Byddaf yn defnyddio _____ i'm helpu. Yr ateb ydy_____

6. Pa arwydd gweithrediad sydd ar goll?

$88 \ * \ 50 \ = 138$

Bydd rhaid i mi _____.

Byddaf yn defnyddio _____ i'm helpu. Yr ateb ydy_____

Gellir llungopïo'r dudalen hon gan y sefydliad sy'n prynu yn unig.

© Catherine Yemm

1.
Mae Jade yn prynu pren mesur am £1.65 a llyfr am £2.35. Faint mae hi'n ei wario?

Bydd rhaid i mi _____.
Byddaf yn defnyddio _____ i'm helpu. Yr ateb ydy _____

2.
Gwnewch stori rhif gyda:

71 − 26 = 45

3.
Mae Mala yn rhoi cacen siocled yn y popty am hanner awr wedi 3. Mae angen 2 awr a 15 munud i'w choginio. Faint o'r gloch mae'n rhaid iddi ei thynnu o'r popty?

Bydd rhaid i mi _____.
Byddaf yn defnyddio _____ i'm helpu. Yr ateb ydy _____

4.
Mae Reuben ac Alison wedi bod yn casglu dail i'w defnyddio yn y wers gelf. Mae Reuben wedi casglu 58 o ddail ac Alison wedi casglu 23 yn llai na Reuben. Faint mae Alison wedi'u casglu?

Bydd rhaid i mi _____.
Byddaf yn defnyddio _____ i'm helpu. Yr ateb ydy _____

5.
Pan mae'r trên yn gadael yr orsaf mae 75 o deithwyr arni. Mae 31 ohonyn nhw yn mynd oddi ar y trên yn yr orsaf gyntaf. Sawl teithiwr sydd dal ar y trên?

Bydd rhaid i mi _____.
Byddaf yn defnyddio _____ i'm helpu. Yr ateb ydy _____

6.
Pa arwydd gweithrediad sydd ar goll?
108 * 53 = 161

Bydd rhaid i mi _____.
Byddaf yn defnyddio _____ i'm helpu. Yr ateb ydy _____

Gellir llungopïo'r dudalen hon gan y sefydliad sy'n prynu yn unig.

© Catherine Yemm

Datblygu ymresymu rhifyddol

Gweithgaredd dosbarth cyfan

Mae'r ysgol yn gorffen am 3.30 pm. Mae'r plant yn mynd i nôl eu cotiau 15 munud cyn gadael. Faint o'r gloch maen nhw'n nôl eu cotiau?

Mae bag o datws yn pwyso 50g yn fwy na bag o foron. Os ydy'r bag o foron yn pwyso 150g faint mae'r bag o datws yn ei bwyso?

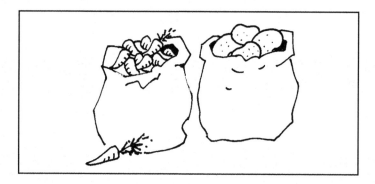

Mae mam Ben yn gwneud 36 brechdan ar gyfer ei barti. Mae'r plant yn bwyta hanner ohonyn nhw. Faint sydd ar ôl?

Gellir llungopïo'r dudalen hon gan y sefydliad sy'n prynu yn unig.

© Catherine Yemm

1. Mae gan Michael 12 car bach yn ei gasgliad o geir. Mae gan ei ffrind Dewi ddwywaith hynny. Sawl car sydd gan Dewi?

Bydd rhaid i mi _____.
Byddaf yn defnyddio _____ i'm helpu. Yr ateb ydy _____

2. Pa arwydd gweithrediad sydd ar goll yn y cyfrifiad yma?

60 * 10 = 6

Bydd rhaid i mi _____.
Byddaf yn defnyddio _____ i'm helpu. Yr ateb ydy _____

3. Mae Lydia yn rhedeg 100 metr mewn 8 munud. Faint o amser fyddai hi'n ei gymryd i redeg 200 metr ar yr un cyflymdra?

Bydd rhaid i mi _____.
Byddaf yn defnyddio _____ i'm helpu. Yr ateb ydy _____

4. Mae gan Sali ddarn o ruban sy'n 16cm o hyd. Mae Lona yn ei dorri'n ei hanner. Faint o ruban sydd gan Sali a Lona yr un?

Bydd rhaid i mi _____.
Byddaf yn defnyddio _____ i'm helpu. Yr ateb ydy _____

5. Mae gan Robin 44c yn ei boced. Mae'n prynu paced o gnau am 24c. Faint o arian sydd ganddo ar ôl?

Bydd rhaid i mi _____.
Byddaf yn defnyddio _____ i'm helpu. Yr ateb ydy _____

6. Gwnewch stori rhif gyda:

6 x 3 = 18

Gellir llungopïo'r dudalen hon gan y sefydliad sy'n prynu yn unig.

© Catherine Yemm

Gwers 5b

1. Mae gan Michael 18 car bach yn ei gasgliad o geir. Mae gan ei ffrind Dewi ddwywaith hynny. Sawl car sydd gan Dewi?

Bydd rhaid i mi _____.

Byddaf yn defnyddio _____ i'm helpu. Yr ateb ydy_____

. . . .

2. Pa arwydd gweithrediad sydd ar goll yn y cyfrifiad yma?

$90 \ * \ 10 \ = \ 9$

Bydd rhaid i mi _____.

Byddaf yn defnyddio _____ i'm helpu. Yr ateb ydy_____

. . . .

3. Mae Lydia yn rhedeg 100 metr mewn 8 munud. Faint o amser fyddai hi'n ei gymryd i redeg 400 metr ar yr un cyflymdra?

Bydd rhaid i mi _____.

Byddaf yn defnyddio _____ i'm helpu. Yr ateb ydy_____

. . . .

4. Mae gan Sali ddarn o ruban sy'n 26cm o hyd. Mae Lona yn ei dorri'n ei hanner. Faint o ruban sydd gan Sali a Lona yr un?

Bydd rhaid i mi _____.

Byddaf yn defnyddio _____ i'm helpu. Yr ateb ydy_____

. . . .

5. Mae gan Robin 64c yn ei boced. Mae'n prynu paced o gnau am 34c. Faint o arian sydd ganddo ar ôl?

Bydd rhaid i mi _____.

Byddaf yn defnyddio _____ i'm helpu. Yr ateb ydy_____

. . . .

6. Gwnewch stori rhif gyda:

$12 \ x \ 3 \ = \ 36$

Gellir llungopïo'r dudalen hon gan y sefydliad sy'n prynu yn unig.

© Catherine Yemm

1.

Mae gan Michael 28 car bach yn ei gasgliad o geir. Mae gan ei ffrind Dewi ddwywaith hynny. Sawl car sydd gan Dewi?

Bydd rhaid i mi _____.

Byddaf yn defnyddio _____ i'm helpu. Yr ateb ydy _____

2.

Pa arwydd gweithrediad sydd ar goll yn y cyfrifiad yma?

190 * 10 = 19

Bydd rhaid i mi _____.

Byddaf yn defnyddio _____ i'm helpu. Yr ateb ydy _____

3.

Mae Lydia yn rhedeg 100 metr mewn 8 munud. Faint o amser fyddai hi'n ei gymryd i redeg 600 metr ar yr un cyflymdra?

Bydd rhaid i mi _____.

Byddaf yn defnyddio _____ i'm helpu. Yr ateb ydy _____

4.

Mae gan Sali ddarn o ruban sy'n 56cm o hyd. Mae Lona yn ei dorri'n ei hanner. Faint o ruban sydd gan Sali a Lona yr un?

Bydd rhaid i mi _____.

Byddaf yn defnyddio _____ i'm helpu. Yr ateb ydy _____

5.

Mae gan Robin 84c yn ei boced. Mae'n prynu paced o gnau am 38c. Faint o arian sydd ganddo ar ôl?

Bydd rhaid i mi _____.

Byddaf yn defnyddio _____ i'm helpu. Yr ateb ydy _____

6.

Gwnewch stori rhif gyda:

22 x 3 = 66

Gellir llungopïo'r dudalen hon gan y sefydliad sy'n prynu yn unig.

www.brilliantpublications.co.uk

© Catherine Yemm

Datblygu ymresymu rhifyddol

Pe baech yn prynu tegan am £2.50 faint o newid fyddech chi'n ei gael o £5?

Mae Angharad a Finn yn trefnu'r tocynau raffl ar gyfer y ffair ysgol. Mae ganddyn nhw 123 o docynau i'w gwerthu ac mae nhw'n eu gosod mewn stribedi o 10. Faint fydd ganddyn nhw ar ôl fydd ddim yn rhan o stribed?

Mae Lili yn helpu ei mam i roi hosanau mewn parau. Mae yna 40 hosan mewn pentwr. Sawl pâr fydd hyn yn ei wneud?

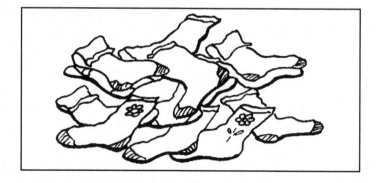

Gellir llungopïo'r dudalen hon gan y sefydliad sy'n prynu yn unig.
Datrys Problemau Mathemateg – Blwyddyn 3
© Catherine Yemm

1. Mae'n costio 50c i nofio. Faint fyddai'n ei gostio i 2 blentyn fynd i nofio?

Bydd rhaid i mi _____.
Byddaf yn defnyddio _____ i'm helpu. Yr ateb ydy _____

2. Gwnewch stori rhif gyda:

$20 \div 5 = 4$

3. Mae Laura a James yn cael ras i weld pwy fydd y cyntaf i orffen ei waith. Mae Laura'n cymryd 18 munud. Mae James yn gorffen 8 munud wedyn. Faint o amser mae James yn ei gymryd?

Bydd rhaid i mi _____.
Byddaf yn defnyddio _____ i'm helpu. Yr ateb ydy _____

4. Pa arwydd gweithrediad sydd ar goll?

$8 * 5 = 40$

Bydd rhaid i mi _____.
Byddaf yn defnyddio _____ i'm helpu. Yr ateb ydy _____

5. Mae 37 afal ar silff siop yr ysgol. Mae'r cwsmer cyntaf yn prynu 5 a'r ail gwsmer yn prynu 8. Sawl afal sydd ar ôl?

Bydd rhaid i mi _____.
Byddaf yn defnyddio _____ i'm helpu. Yr ateb ydy _____

6. Mae 18 o bobl ar fws. Mae 8 o bobl yn dod ar y bws ac yna mae 4 yn mynd oddi arno. Sawl un sydd ar ôl?

Bydd rhaid i mi _____.
Byddaf yn defnyddio _____ i'm helpu. Yr ateb ydy _____

Gellir llungopïo'r dudalen hon gan y sefydliad sy'n prynu yn unig.

© Catherine Yemm **Datrys Problemau Mathemateg – Blwyddyn 3**

Gwers 6b

1. Mae'n costio 80c i nofio. Faint fyddai'n ei gostio i 2 blentyn fynd i nofio?

Bydd rhaid i mi _____.

Byddaf yn defnyddio _____ i'm helpu. Yr ateb ydy_____

2. Gwnewch stori rhif gyda:

35 ÷ 5 = 7

3. Mae Laura a James yn cael ras i weld pwy fydd y cyntaf i orffen ei waith. Mae Laura'n cymryd 28 munud. Mae James yn gorffen 11 munud wedyn. Faint o amser mae James yn ei gymryd?

Bydd rhaid i mi _____.

Byddaf yn defnyddio _____ i'm helpu. Yr ateb ydy_____

4. Pa arwydd gweithrediad sydd ar goll?

11 * 5 = 55

Bydd rhaid i mi _____.

Byddaf yn defnyddio _____ i'm helpu. Yr ateb ydy_____

5. Mae 57 afal ar silff siop yr ysgol. Mae'r cwsmer cyntaf yn prynu 13 a'r ail gwsmer yn prynu 8. Sawl afal sydd ar ôl?

Bydd rhaid i mi _____.

Byddaf yn defnyddio _____ i'm helpu. Yr ateb ydy_____

6. Mae 28 o bobl ar fws. Mae 8 o bobl yn dod ar y bws ac yna mae 12 yn mynd oddi arno. Sawl un sydd ar ôl?

Bydd rhaid i mi _____.

Byddaf yn defnyddio _____ i'm helpu. Yr ateb ydy_____

Gellir llungopïo'r dudalen hon gan y sefydliad sy'n prynu yn unig.
© Catherine Yemm

1. Mae'n costio £1.25 i nofio. Faint fyddai'n ei gostio i 2 blentyn fynd i nofio?

Bydd rhaid i mi _____.

Byddaf yn defnyddio _____ i'm helpu. Yr ateb ydy _____

2. Gwnewch stori rhif gyda:

$45 \div 5 = 9$

3. Mae Laura a James yn cael ras i weld pwy fydd y cyntaf i orffen ei waith. Mae Laura'n cymryd 38 munud. Mae James yn gorffen 18 munud wedyn. Faint o amser mae James yn ei gymryd?

Bydd rhaid i mi _____.

Byddaf yn defnyddio _____ i'm helpu. Yr ateb ydy _____

4. Pa arwydd gweithrediad sydd ar goll?

$15 * 5 = 75$

Bydd rhaid i mi _____.

Byddaf yn defnyddio _____ i'm helpu. Yr ateb ydy _____

5. Mae 87 afal ar silff siop yr ysgol. Mae'r cwsmer cyntaf yn prynu 23 a'r ail gwsmer yn prynu 18. Sawl afal sydd ar ôl?

Bydd rhaid i mi _____.

Byddaf yn defnyddio _____ i'm helpu. Yr ateb ydy _____

6. Mae 48 o bobl ar fws. Mae 16 o bobl yn dod ar y bws ac yna mae 12 yn mynd oddi arno. Sawl un sydd ar ôl?

Bydd rhaid i mi _____.

Byddaf yn defnyddio _____ i'm helpu. Yr ateb ydy _____

Gellir llungopïo'r dudalen hon gan y sefydliad sy'n prynu yn unig.

www.brilliantpublications.co.uk

© Catherine Yemm

Oes mwy na 4 ffordd o gael y sgôr 14 gyda 4 dis?

Mae 4 eilrif rhwng 11 a 19.

Ydych chi'n gwybod beth ydy'r rhifau sydd ar goll?

2 + 1 = 46

www.brilliantpublications.co.uk

Gellir llungopio'r dudalen hon gan y sefydliad sy'n prynu yn unig.

34 **Datrys Problemau Mathemateg – Blwyddyn 3**

© Catherine Yemm

Gwers 1a

1. Rhowch enghreifftiau i ddangos bod odrifau bob amser yn dilyn eilrifau.

2. Mae pedwr eilrif rhwng 7 a 15.

3. Beth ydy'r rhifau coll?

   1* – *0 = 8

4. Dewiswch ddau bâr o flociau domino. Adiwch y smotiau. Pa ddau gyfanswm allwch chi eu gwneud?

5. Dewch o hyd i ddau bâr o rifau sydd â swm o 6 ac ychwanegwch luoswm o 9.

6. Defnyddiwch 3, 5 a 6 a'r arwyddion +, x a =. Allwch chi wneud pump ateb gwahanol?

Gwers 1b

1. Rhowch enghreifftiau i ddangos bod odrif ddau yn fwy nag odrif arall.

2. Mae chwech eilrif rhwng 9 a 21.

3. Beth ydy'r rhifau sydd ar goll?

   2* – *7 = 8

4. Dewiswch bedwar pâr o flociau domino. Pa bedwar cyfanswm allwch chi eu gwneud?

5. Dewch o hyd i bâr o rifau sydd â swm o 7 ac ychwanegwch luoswm o 12.

6. Defnyddiwch 7, 5 a 6 a'r arwyddion +, x a =. Allwch chi wneud atebion gwahanol?

Gellir llungopio'r dudalen hon gan y sefydliad sy'n prynu yn unig.

© Catherine Yemm

Gwers 1c

1. Rhowch enghreifftiau i ddangos bod odrif bedwar yn fwy nag odrif arall.

2. Mae wyth eilrif rhwng 11 a 27.

3. Beth ydy'r rhifau sydd ar goll?

    4* − *7 = 18

4. Dewiswch bedwar grŵp o dri domino. Pa bedwar cyfanswm allwch chi eu gwneud?

5. Dewch o hyd i bâr o rifau sydd â swm o 9 ac ychwanegwch luoswm o 18.

6. Defnyddiwch 8, 9 a 11 a'r arwyddion +, x a =. Allwch chi wneud pump ateb gwahanol?

Gellir llungopïo'r dudalen hon gan y sefydliad sy'n prynu yn unig.
© Catherine Yemm

Rhowch enghreifftiau i ddangos bod yr atebion i dabl 10 bob amser yn gorffen gyda 0.

Esboniwch sut mae $32 + 18 = 50$.

Defnyddiwch 2, 5 a 10 a'r arwyddion − a + a =. Gwnewch bump ateb gwahanol.

www.brilliantpublications.co.uk

Gellir llungopio'r dudalen hon gan y sefydliad sy'n prynu yn unig.

38 **Datrys Problemau Mathemateg – Blwyddyn 3**

© Catherine Yemm

Gwers
2a

1. Rhowch enghreifftiau i ddangos bod lluosrifau o 3 yn odrifau neu'n eilrifau.

2. Esboniwch sut mae 24 – 11 = 13.

3. Defnyddiwch 4, 8 a 6 a'r arwyddion + a x a =. Gwnewch bump ateb gwahanol.

4. Os ydych chi'n adio lluosrif o 2 i luosrif o 4 yna mae'r ateb yn eilrif.

5. Beth ydy'r gweithrediad sydd ar goll?

   12 * 18 = 30

6. Dewch o hyd i bâr o rifau sydd â lluoswm o 25 a swm o 10.

Gellir llungopio'r dudalen hon gan y sefydliad sy'n prynu yn unig.

© Catherine Yemm

www.brilliantpublications.co.uk

Datrys Problemau Mathemateg – Blwyddyn 3   39

Gwers
2b

1. Rhowch enghreifftiau i ddangos bod lluosrifau o 7 yn odrifau neu'n eilrifau.

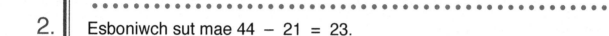

2. Esboniwch sut mae 44 − 21 = 23.

3. Defnyddiwch 4, 8 a 12 a'r arwyddion + a x a =. Gwnewch bump ateb gwahanol.

4. Os ydych chi'n adio dau luosrif o 2 i ddau luosrif o 4 yna mae'r ateb yn eilrif.

5. Beth ydy'r gweithrediad sydd ar goll?

32 * 18 = 50

6. Dewch o hyd i bâr o rifau sydd â lluoswm o 36 a swm o 12.

Gellir llungopïo'r dudalen hon gan y sefydliad sy'n prynu yn unig.
© Catherine Yemm

Gwers
2c

1.

Rhowch enghreifftiau i ddangos bod lluosrifau o 9 yn odrifau neu'n eilrifau.

2.

Esboniwch sut mae 64 − 21 = 43

3.

Defnyddiwch 8, 15 a 6 a'r arwyddion + a x a =. Gwnewch bump ateb gwahanol.

4.

Os ydych chi'n adio tri lluosrif o 2 i dri lluosrif o 4 yna mae'r ateb yn eilrif.

5.

Beth ydy'r gweithrediad sydd ar goll?

42 * 28 = 70

6.

Dewch o hyd i bâr o rifau sydd â lluoswm o 42 a swm o 13.

Gellir llungopïo'r dudalen hon gan y sefydliad sy'n prynu yn unig.

Dewch o hyd i ddau rif sy'n llai na 10 y gallwch eu lluosi i roi cyfanswm sy'n fwy na 25.

Rhowch enghraifft i ddangos y gallwch adio tri rhif mewn unrhyw drefn i roi'r un cyfanswm.

Dewch o hyd i rif y gallwch ei luosi gyda'r rhif sy'n dod ar ei ôl i roi cyfanswm sy'n llai na 15.

www.brilliantpublications.co.uk   Gellir llungopïo'r dudalen hon gan y sefydliad sy'n prynu yn unig.

42   **Datrys Problemau Mathemateg – Blwyddyn 3**   © Catherine Yemm

Gwers
3a

1. Dewch o hyd i ddau rif sy'n llai na 10 y gallwch eu rhannu i roi ateb sy'n llai na 3.

2. Dangoswch y gellir adio 4, 5, 6 a 7 mewn unrhyw drefn i roi'r un cyfanswm.

3. Pa rif ellir ei luosi gyda'r rhif o'i flaen i roi ateb o 12?

4. Dangoswch y gall lluosrif o 3 wedi'i adio at luosrif o 4 fod yn eilrif neu'n odrif.

5. Beth ydy'r rhifau sydd ar goll?

   8 – 1 = 13

6. Pa bedwar rhif sy'n llai na 10 allwch chi eu hadio at ei gilydd i wneud 20?

Gellir llungopïo'r dudalen hon gan y sefydliad sy'n prynu yn unig.

www.brilliantpublications.co.uk

© Catherine Yemm   **Datrys Problemau Mathemateg – Blwyddyn 3**   43

Gwers 3b

1. Dewch o hyd i ddau rif sy'n llai na 20 y gallwch eu rhannu i roi ateb sy'n llai na 5.

2. Dangoswch y gellir adio 8, 5, 6 a 9 mewn unrhyw drefn i roi'r un cyfanswm.

3. Pa rif ellir ei luosi gyda'r rhif o'i flaen i roi ateb o 30?

4. Dangoswch y gall lluosrif o 5 wedi'i adio at luosrif o 4 fod yn eilrif neu'n odrif.

5. Beth ydy'r rhifau sydd ar goll?

   8 − 3 = 13

6. Pa bedwar rhif sy'n llai na 10 allwch chi eu hadio at ei gilydd i wneud 25?

Gellir llungopio'r dudalen hon gan y sefydliad sy'n prynu yn unig.

© Catherine Yemm

Gwers
3C

1. Dewch o hyd i ddau rif sy'n llai na 30 y gallwch eu rhannu i roi ateb sy'n llai na 10.

2. Dangoswch y gellir adio 14, 15, 16 a 7 mewn unrhyw drefn i roi'r un cyfanswm.

3. Pa rif ellir ei luosi gyda'r rhif o'i flaen i roi ateb o 42?

4. Dangoswch y gall lluosrif o 9 wedi'i adio at luosrif o 4 fod yn eilrif neu'n odrif.

5. Beth ydy'r rhifau sydd ar goll?

   8 − 5 = 13

6. Pa bedwar rhif sy'n llai na 10 allwch chi eu hadio at ei gilydd i wneud 33?

Gellir llungopïo'r dudalen hon gan y sefydliad sy'n prynu yn unig.

Mae gan brism triongl ddau wyneb sydd yr un siâp.

Cywir

Anghywir

Trafodwch eich canlyniadau.

Mae gan hecsagon rheolaidd fwy nag un llinell cymesuredd.

Cywir

Anghywir

Trafodwch eich canlyniadau.

Gellir rhoi dau driongl at ei gilydd i wneud pedochr.

Cywir

Anghywir

Trafodwch eich canlyniadau.

Gellir llungopïo'r dudalen hon gan y sefydliad sy'n prynu yn unig.

© Catherine Yemm

Gwers
4a

1. Mae gan silindr ddau wyneb sydd yr un siâp.

   Cywir

   Anghywir

2. Mae mwy na thair ffordd o lunio triongl.

   Cywir

   Anghywir

3. Mae gan sgwâr fwy nag un llinell cymesuredd.

   Cywir

   Anghywir

4. Gellir rhoi dau driongl at ei gilydd i wneud sgwâr.

   Cywir

   Anghywir

5. Rhowch ddau ddis at ei gilydd. Sawl wyneb sgwâr allwch chi eu gweld?

6. Ysgrifennwch un prif lythyren sydd gydag un llinell cymesuredd.

Gellir llungopïo'r dudalen hon gan y sefydliad sy'n prynu yn unig.

Gwers
4b

Mae gan byramid dri wyneb sydd yr un siâp.

1.
Cywir

Anghywir

2.
Mae mwy na thair ffordd o lunio pedochr.

Cywir

Anghywir

3.
Mae gan hecsagon rheolaidd fwy nag un llinell cymesuredd.

Cywir

Anghywir

4.
Gellir rhoi dau betryal at ei gilydd i wneud octagon.

Cywir

Anghywir

5.
Rhowch dri dis at ei gilydd ochr yn ochr. Sawl wyneb sgwâr allwch chi eu gweld?

6.
Ysgrifennwch un prif lythyren sydd gyda dwy linell cymesuredd.

Gellir llungopïo'r dudalen hon gan y sefydliad sy'n prynu yn unig.

Datrys Problemau Mathemateg – Blwyddyn 3
© Catherine Yemm

Gwers
4C

1. Mae gan brism pentagonol dri wyneb sydd yr un siâp.

   Cywir

   Anghywir

2. Mae mwy na thair ffordd o lunio hecsagon.

   Cywir

   Anghywir

3. Mae gan hecsagon rheolaidd fwy na dwy linell cymesuredd.

   Cywir

   Anghywir

4. Gellir rhoi dau betryal ac un triongl gyda'i gilydd i wneud siâp sydd gyda mwy nag wyth ochr.

   Cywir

   Anghywir

5. Rhowch bum dis at ei gilydd ochr yn ochr. Sawl wyneb sgwâr allwch chi eu gweld?

6. Ysgrifennwch un prif lythyren sydd gyda thair llinell cymesuredd.

Gellir llungopïo'r dudalen hon gan y sefydliad sy'n prynu yn unig.

Bydd angen mwy na phedwar sgwâr i ailadrodd y patrwm hwn dair gwaith.

Enwch y siapiau sydd wedi'u defnyddio i wneud y llun hwn.

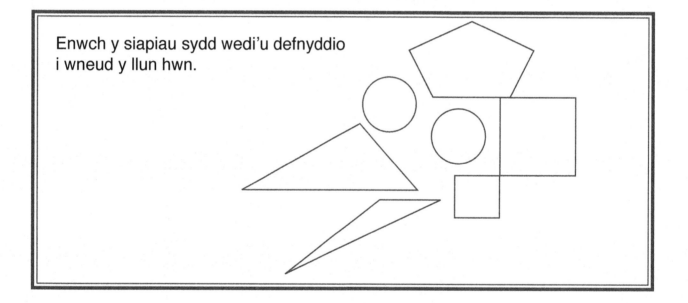

Pa siâp sydd â'r mwyaf o fertigau – prism triongl neu giwboid?

www.brilliantpublications.co.uk   Gellir llungopïo'r dudalen hon gan y sefydliad sy'n prynu yn unig.

50   **Datrys Problemau Mathemateg – Blwyddyn 3**   © Catherine Yemm

1. Mae sgwâr yn brithweithio gyda sgwâr.

   Cywir

   Anghywir

2. Pa siâp ydych chi'n ei gael os ydych chi'n plygu sgwâr yn ei hanner?

3. Mae gan giwb fwy o ymylon na silindr.

   Cywir

   Anghywir

4. Enwch siâp 3D sydd gyda thri wyneb.

5. Gwnewch y llythyren I a'r llythyren C gyda sgwariau. Os ydy'r llythrennau yr un maint pa siâp sy'n defnyddio'r mwyaf o sgwariau?

6. Pa un sydd gyda'r mwyaf o onglau sgwâr – triongl neu sgwâr?

Gellir llungopio'r dudalen hon gan y sefydliad sy'n prynu yn unig.

© Catherine Yemm

Gwers 5b

Mae triongl hafalochrog yn brithweithio gyda sgwâr.

1. Cywir

   Anghywir

   ·

2. Pa siâp ydych chi'n ei gael os ydych chi'n plygu sgwâr yn ei hanner ddwywaith?

   ·

3. Mae gan brism triongl fwy o ymylon na silindr.

   Cywir

   Anghywir

   ·

4. Enwch siâp 3D sydd gyda phum wyneb.

   ·

5. Gwnewch y llythyren M a'r llythyren C gyda sgwariau. Os ydy'r llythrennau yr un maint pa siâp sy'n defnyddio'r mwyaf o sgwariau?

   ·

6. Pa un sydd gyda'r mwyaf o onglau sgwâr – petryal neu sgwâr?

Gellir llungopïo'r dudalen hon gan y sefydliad sy'n prynu yn unig.

© Catherine Yemm

1. Mae hecsagonau rheolaidd yn brithweithio.

   Cywir

   Anghywir

. . . .

2. Pa siâp ydych chi'n ei gael os ydych chi'n plygu sgwâr yn ei hanner deirgwaith?

. . . .

3. Mae gan brism pentagonol fwy o ochrau na phrism triongl.

   Cywir

   Anghywir

. . . .

4. Enwch siâp 3D sydd gyda saith wyneb.

. . . .

5. Gwnewch y llythyren M a'r llythyren F gyda sgwariau. Os ydy'r llythrennau yr un maint pa siâp sy'n defnyddio'r mwyaf o sgwariau?

. . . .

6. Pa un sydd gyda'r mwyaf o onglau sgwâr – petryal neu bentagon rheolaidd?

Gellir llungopio'r dudalen hon gan y sefydliad sy'n prynu yn unig.

© Catherine Yemm

Gellir rhoi pedwar siâp at ei gilydd i wneud ciwboid.

Mae angen mwy o sgwariau i wneud y llythyren W na'r llythyren L.
(Mae'r llythrennau yr un maint)

W L

Os ydy ciwb a chiwboid yn cael eu rhoi mewn grŵp beth fyddai pennawd y grŵp hwnnw?

www.brilliantpublications.co.uk · Gellir llungopïo'r dudalen hon gan y sefydliad sy'n prynu yn unig.

54 · **Datrys Problemau Mathemateg – Blwyddyn 3** · © Catherine Yemm

1. Mae rhai siapiau heb linellau cymesuredd.

   Cywir

   Anghywir

2. Ailadroddwch y patrwm hwn bedair gwaith. Sawl hirgrwn wnaethoch chi eu llunio?

3. Enwch un briodwedd sydd gan sgwâr sydd hefyd gan betryal.

4. Enwch siâp 3D sydd gyda chwe wyneb.

5. Enwch siâp 3D sydd gyda llai nag wyth o fertigau.

6. Pa un sydd gyda'r mwyaf o ymylon – pyramid neu giwboid?

Gellir llungopïo'r dudalen hon gan y sefydliad sy'n prynu yn unig.

© Catherine Yemm   www.brilliantpublications.co.uk

Datrys Problemau Mathemateg – Blwyddyn 3   55

Gwers 6b

Mae gan rhai siapiau un llinell cymesuredd.

1. Cywir

    Anghywir

2. Ailadroddwch y patrwm hwn chwe gwaith. Sawl hirgrwn wnaethoch chi eu llunio?

3. Enwch ddwy briodwedd sydd gan sgwâr sydd hefyd gan betryal.

4. Enwch siâp 3D sydd gyda mwy na phedwar wyneb.

5. Enwch siâp 3D sydd gyda llai na phump o fertigau.

6. Pa un sydd gyda'r mwyaf o ymylon – prism triongl neu giwboid?

Gellir llungopio'r dudalen hon gan y sefydliad sy'n prynu yn unig.

© Catherine Yemm

Gwers
6C

1. Mae gan rhai siapiau ddwy linell cymesuredd.

   Cywir

   Anghywir

2. Ailadroddwch y patrwm hwn wyth gwaith. Sawl hirgrwn wnaethoch chi eu llunio?

3. Enwch dair priodwedd sydd gan sgwâr sydd hefyd gan betryal.

4. Enwch siâp 3D sydd gydag wyth wyneb.

5. Enwch siâp 3D sydd gyda llai na thri o fertigau.

6. Pa un sydd gyda'r mwyaf o ymylon – prism pentagonol neu brism hecsagonol?

Gellir llungopïo'r dudalen hon gan y sefydliad sy'n prynu yn unig.

© Catherine Yemm

www.brilliantpublications.co.uk

Datrys Problemau Mathemateg – Blwyddyn 3 57

Defnyddio sgiliau rhif

Mae Mrs Bowen yn prynu pensiliau newydd i'w phlant i fynd i'r ysgol. Mae ganddi bedwar o blant. Mae ar bob plentyn angen deg pensil newydd. Sawl pensil fydd arni angen eu prynu?

Mae Donna eisiau prynu llyfr sy'n costio £2.36. Mae ganddi'r darnau arian canlynol yn ei phwrs: £1, 50c, 50c, 20c, 10c, 5c, 5c, 5c a 5c arall. Oes ganddi ddigon o arian i brynu'r llyfr?

Mae Gwion yn dal bws 5.23 pm adref. Mae'n cyrraedd adref am 5.52 pm. Faint o amser mae'n ei gymryd iddo gyrraedd adref?

Gellir llungopïo'r dudalen hon gan y sefydliad sy'n prynu yn unig.

Datrys Problemau Mathemateg – Blwyddyn 3

© Catherine Yemm

1. Mae Milly a Tom yn chwarae gêm ddyfalu. Mae Tom yn meddwl am rif ac yna yn tynnu 8 ohono. Yr ateb ydy 20. Beth oedd ei rif?

2. Mae bar o siocled yn pwyso 50g. Mae Lewis yn prynu pedwar bar. Pa mor drwm ydyn nhw i gyd?

3. Mae'n costio £2.20 i fam Rakesh i fynd â Rakesh a thri o'i ffrindiau i nofio. Faint mae'n gostio i un plentyn nofio?

4. Mae'n cymryd 7 munud i Tomos gerdded o'i dŷ at yr arosfan bws, 6 munud i deithio ar y bws ac yna 5 munud arall i gerdded o'r arosfan bws i'r ysgol. Faint o amser mae ei daith yn ei chymryd?

5. Mae Bethan a Tanwen yn chwarae gêm fwrdd. Mae Bethan wedi sgorio 12 hyd yma. Mae Tanwen wedi dyblu sgôr Bethan. Faint mae Tanwen wedi'i sgorio?

6. Mae lemwn yn costio 6c yn y siop. Mae ar Ruth angen deg i wneud teisen gaws lemwn. Faint o arian fydd arni ei angen?

Gellir llungopïo'r dudalen hon gan y sefydliad sy'n prynu yn unig.

Defnyddio sgiliau rhif

1. Mae Milly a Tom yn chwarae gêm ddyfalu. Mae Tom yn meddwl am rif ac yna yn tynnu 15 ohono. Yr ateb ydy 20. Beth oedd ei rif?

2. Mae bar o siocled yn pwyso 50g. Mae Lewis yn prynu 8 bar. Pa mor drwm fyddan nhw i gyd?

3. Mae'n costio £4.40 i fam Rakesh fynd â Rakesh a thri o'i ffrindiau i nofio. Faint mae'n gostio i un plentyn nofio?

4. Mae'n cymryd 12 munud i Tomos gerdded o'i dŷ at yr arosfan bws, 13 munud i deithio ar y bws ac yna 10 munud arall i gerdded o'r arosfan bws i'r ysgol. Faint o amser mae ei daith yn ei chymryd?

5. Mae Bethan a Tanwen yn chwarae gêm fwrdd. Mae Bethan wedi sgorio 24 hyd yma. Mae Tanwen wedi dyblu sgôr Bethan. Faint mae Tanwen wedi'i sgorio?

6. Mae lemwn yn costio 9c yn y siop. Mae ar Ruth angen deg i wneud teisen gaws lemwn. Faint o arian fydd arni ei angen?

Gellir llungopïo'r dudalen hon gan y sefydliad sy'n prynu yn unig.

© Catherine Yemm

1. Mae Milly a Tom yn chwarae gêm ddyfalu. Mae Tom yn meddwl am rif ac yna yn tynnu 25 ohono. Yr ateb ydy 20. Beth oedd ei rif?

2. Mae bar o siocled yn pwyso 50g. Mae Lewis yn prynu 12. Pa mor drwm fyddan nhw i gyd?

3. Mae'n costio £8.48 i fam Rakesh fynd â Rakesh a thri o'i ffrindiau i nofio. Faint mae'n gostio i un plentyn nofio?

4. Mae'n cymryd 18 munud i Tomos gerdded o'i dŷ at yr arosfan bws, 16 munud i deithio ar y bws ac yna 25 munud arall i gerdded o'r arosfan bws i'r ysgol. Faint o amser mae ei daith yn ei chymryd?

5. Mae Bethan a Tanwen yn chwarae gêm fwrdd. Mae Bethan wedi sgorio 37 hyd yma. Mae Tanwen wedi dyblu sgôr Bethan. Faint mae Tanwen wedi'i sgorio?

6. Mae lemwn yn costio 12c yn y siop. Mae ar Ruth angen 10 i wneud teisen gaws lemwn. Faint o arian fydd arni ei angen?

Gellir llungopïo'r dudalen hon gan y sefydliad sy'n prynu yn unig.

© Catherine Yemm

Gwers 2

Defnyddio sgiliau rhif

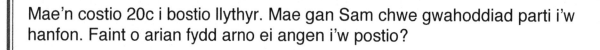
Mae'n costio 20c i bostio llythyr. Mae gan Sam chwe gwahoddiad parti i'w hanfon. Faint o arian fydd arno ei angen i'w postio?

Dechreuodd Tia wylio cartŵn am 5.10 pm. Roedd ymlaen am 15 munud. Faint o'r gloch wnaeth y cartŵn orffen?

Mae gan Gwen bedwar gerbil. Sawl coes sydd ganddyn nhw i gyd gyda'i gilydd?

www.brilliantpublications.co.uk   Gellir llungopïo'r dudalen hon gan y sefydliad sy'n prynu yn unig.

62   **Datrys Problemau Mathemateg – Blwyddyn 3**   © Catherine Yemm

1. Mae gan Owain ddarn o arian £1, un darn 50c, darn 20c, darn 10c a saith darn 2c. Faint o arian sydd ganddo?

2. Bydd y silff lyfrau yn yr ystafell ddosbarth yn dal 30kg o bwysau. Rydyn ni eisiau rhoi tri llyfr sydd yr un fath arni hi. Beth ydy'r pwysau mwyaf y gall llyfr fod?

3. Mae Jamie yn prynu bag o farblis. Mae pedwar marblen ym mhob bag. Os ydy e'n prynu pedwar bag sawl marblen fydd ganddo?

4. Mae Elen yn prynu afal am 5c bob diwrnod yn yr ysgol. Faint o arian fydd arni ei angen i brynu afal bob diwrnod am wythnos?

5. Mae gwasanaeth yr ysgol yn dechrau am 9.00 am. Gorffenodd heddiw am 9.28 am. Pa mor hir oedd y gwasanaeth?

6. Mae Amanda eisiau prynu carton o sudd a bag o greision. Mae'r sudd yn costio 27c a'r creision yn costio 10c. Faint o arian fydd arni ei angen?

Gellir llungopïo'r dudalen hon gan y sefydliad sy'n prynu yn unig.

© Catherine Yemm

Defnyddio sgiliau rhif

1. Mae gan Owain dri darn £1, dau ddarn 50c, darn 20c, darn 10c a saith darn 2c. Faint o arian sydd ganddo?

2. Bydd y silff lyfrau yn yr ystafell ddosbarth yn dal 30kg o bwysau. Rydyn ni eisiau rhoi chwe llyfr sydd yr un fath arni hi. Beth ydy'r pwysau mwyaf y gall llyfr fod?

3. Mae Jamie yn prynu bag o farblis. Mae pedwar marblen ym mhob bag. Os ydy e'n prynu chwe bag sawl marblen fydd ganddo?

4. Mae Elen yn prynu afal am 10c bob diwrnod yn yr ysgol. Faint o arian fydd arni ei angen i brynu afal bob diwrnod am wythnos?

5. Mae gwasanaeth yr ysgol yn dechrau am 9.30 am. Gorffenodd heddiw am 9.58 am. Pa mor hir oedd y gwasanaeth?

6. Mae Amanda eisiau prynu carton o sudd a bag o greision. Mae'r sudd yn costio 37c a'r creision yn costio 18c. Faint o arian fydd arni ei angen?

Gellir llungopïo'r dudalen hon gan y sefydliad sy'n prynu yn unig.

© Catherine Yemm

1. Mae gan Owain un papur £5, tri darn £1, dau ddarn 50c, tri darn 20c, darn 10c a saith darn 2c. Faint o arian sydd ganddo?

2. Bydd y silff lyfrau yn yr ystafell ddosbarth yn dal 40kg o bwysau. Rydyn ni eisiau rhoi wyth llyfr sydd yr un fath arni hi. Beth ydy'r pwysau mwyaf y gall llyfr fod?

3. Mae Jamie yn prynu bag o farblis. Mae pedwar marblen ym mhob bag. Os ydy e'n prynu wyth bag sawl marblen fydd ganddo?

4. Mae Elen yn prynu afal am 13c bob diwrnod yn yr ysgol. Faint o arian fydd arni ei angen i brynu afal bob diwrnod am wythnos?

5. Mae gwasanaeth yr ysgol yn dechrau am 9.15 am. Gorffenodd heddiw am 9.58 am. Pa mor hir oedd y gwasanaeth?

6. Mae Amanda eisiau prynu carton o sudd a bag o greision. Mae'r sudd yn costio 47c a'r creision yn costio 28c. Faint o arian fydd arni ei angen?

Gellir llungopïo'r dudalen hon gan y sefydliad sy'n prynu yn unig.

www.brilliantpublications.co.uk

© Catherine Yemm

Datrys Problemau Mathemateg – Blwyddyn 3 65

Gwers 3

Defnyddio sgiliau rhif

Prynodd Gwern dri paced o fisgedi. Roedden nhw'n costio 25c yr un. Faint o newid gafodd e o £1.

Mae mam yn gwneud cacennau reis siocled gyda dwy geiriosen ar y top. Os ydy hi'n gwneud 12 cacen sawl ceirios fydd arni ei angen?

Mae Ben yn 12 oed. Mae Sara 5 mlynedd yn hŷn na Ben ac mae Cian 7 mlynedd yn hŷn na Sara. Faint ydy oed Cian?

www.brilliantpublications.co.uk
 Gellir llungopïo'r dudalen hon gan y sefydliad sy'n prynu yn unig.

66 **Datrys Problemau Mathemateg – Blwyddyn 3** © Catherine Yemm

1. Mae ar Awen angen talu am ei phensil newydd sy'n costio 44c. Pa ddarnau o arian all hi eu rhoi i'r gweithiwr siop?

2. Mae Rhys a Dylan yn helpu i lenwi'r pwll nofio. Mae Rhys yn rhoi 8 litr o ddŵr ynddo ac mae Dylan yn rhoi 12 litr. Faint o ddŵr sydd yn y pwll?

3. Mae tad Dewi yn 28 oed ac mae ei deulu wedi gwneud cacen iddo gyda 28 cannwyll arni. Wrth gario'r gacen mae 5 cannwyll yn diffodd. Pan mae'r gacen yn cael ei rhoi ar y bwrdd mae 4 arall yn diffodd. Sawl cannwyll sydd dal wedi'i goleuo ar ei gacen?

4. Mae afalau yn costio 8c a bananas yn costio 7c yn ffreutur yr ysgol. Faint fyddai'n gostio i brynu dau afal a dwy fanana?

5. Mae 32 llyfr gwyddoniaeth yn llyfrgell yr ysgol. Mae 8 wedi cael eu benthyg ac mae 3 wedi mynd i gael eu hadnewyddu. Sawl llyfr gwyddoniaeth sydd dal ar ôl ar y silff yn y llyfrgell?

6. Mae Mrs Thomas eisiau rhoi llinyn ar draws yr ystafell ddosbarth i hongian lluniau. Mae arni eisiau gosod pedair llinell o linyn. Mae'r ystafell yn 2 metr o led. Mae ganddi 10 metr o linyn. Fydd ganddi ddigon o linyn i wneud pedair llinell? Faint o linyn fydd ganddi dros ben?

Gellir llungopïo'r dudalen hon gan y sefydliad sy'n prynu yn unig.

Defnyddio sgiliau rhif

1. Mae ar Awen angen talu am ei phensil newydd sy'n costio 88c. Pa ddarnau o arian all hi eu rhoi i'r gweithiwr siop?

2. Mae Rhys a Dylan yn helpu i lenwi'r pwll nofio. Mae Rhys yn rhoi 16 litr o ddŵr ynddo ac mae Dylan yn rhoi 22 litr. Faint o ddŵr sydd yn y pwll?

3. Mae tad Dewi yn 32 oed ac mae ei deulu wedi gwneud cacen iddo gyda 32 cannwyll arni. Wrth gario'r gacen mae 12 cannwyll yn diffodd. Pan mae'r gacen yn cael ei rhoi ar y bwrdd mae 4 arall yn diffodd. Sawl cannwyll sydd dal wedi'i goleuo ar ei gacen?

4. Mae afalau yn costio 8c a bananas yn costio 7c yn ffreutur yr ysgol. Faint fyddai'n gostio i brynu pedwar afal a phump banana?

5. Mae 42 llyfr gwyddoniaeth yn llyfrgell yr ysgol. Mae 11 wedi cael eu benthyg ac mae 3 wedi mynd i gael eu hadnewyddu. Sawl llyfr gwyddoniaeth sydd dal ar ôl ar y silff yn y llyfrgell?

6. Mae Mrs Thomas eisiau rhoi llinyn ar draws yr ystafell ddosbarth i hongian lluniau. Mae arni eisiau gosod pedair llinell o linyn. Mae'r ystafell yn 4 metr o led. Mae ganddi 20 metr o linyn. Fydd ganddi ddigon o linyn i wneud pedair llinell? Faint o linyn fydd ganddi dros ben?

Gellir llungopïo'r dudalen hon gan y sefydliad sy'n prynu yn unig.
© Catherine Yemm

1. Mae ar Awen angen talu am ei phensil newydd sy'n costio £1.18. Pa ddarnau o arian all hi eu rhoi i'r gweithiwr siop?

2. Mae Rhys a Dylan yn helpu i lenwi'r pwll nofio. Mae Rhys yn rhoi 26 litr o ddŵr ynddo ac mae Dylan yn rhoi 22 litr. Faint o ddŵr sydd yn y pwll?

3. Mae tad Dewi yn 52 oed ac mae ei deulu wedi gwneud cacen iddo gyda 52 cannwyll arni. Wrth gario'r gacen mae 18 cannwyll yn diffodd. Pan mae'r gacen yn cael ei rhoi ar y bwrdd mae 4 arall yn diffodd. Sawl cannwyll sydd dal wedi'i goleuo ar ei gacen?

4. Mae afalau yn costio 18c a bananas yn costio 17c yn ffreutur yr ysgol. Faint fyddai'n gostio i brynu tri afal a dwy fanana?

5. Mae 62 llyfr gwyddoniaeth yn llyfrgell yr ysgol. Mae 21 wedi cael eu benthyg ac mae 13 wedi mynd i gael eu hadnewyddu. Sawl llyfr gwyddoniaeth sydd dal ar ôl ar y silff yn y llyfrgell?

6. Mae Mrs Thomas eisiau rhoi llinyn ar draws yr ystafell ddosbarth i hongian lluniau. Mae arni eisiau gosod pedair llinell o linyn. Mae'r ystafell yn 6 metr o led. Mae ganddi 40 metr o linyn. Fydd ganddi ddigon o linyn i wneud pedair llinell? Faint o linyn fydd ganddi dros ben?

Defnyddio sgiliau rhif

Gweithgaredd dosbarth cyfan

Mae Osian yn prynu hufen iâ am 50c o'r siop. Pa bedwar darn o arain all e eu rhoi i'r gweithiwr siop?

Cafodd Jake 4 car bach, 7 llyfr newydd a 9 siwmper newydd ar ei ben-blwydd. Sawl anrheg gafodd e ar ei ben-blwydd?

Gwnaeth Leusa wahodd 28 o blant i'w pharti. Roedd pump yn sâl ac yn methu dod a daeth un gyda'i dwy chwaer hŷn. Faint o blant oedd yn y parti?

www.brilliantpublications.co.uk   Gellir llungopïo'r dudalen hon gan y sefydliad sy'n prynu yn unig.

70   **Datrys Problemau Mathemateg – Blwyddyn 3**   © Catherine Yemm

1. Mae Adam yn y ffair. Mae ganddo 80c i'w wario. Mae'n mynd ar y trên ysbryd sy'n costio 40c a'r dwmbwr dambar sy'n costio 10c. Faint o arian sydd ganddo ar ôl?

• •

2. Mae'n ben-blwydd ar Marc ac mae wedi dod â bocs o losin i'w rannu rhyngddo e a'i ddau ffrind. Mae 21 losin yn y bocs. Sawl losin fyddan nhw'n eu cael yr un?

• •

3. Mae'n costio 40c i Parveen brynu pedwar brws paent newydd. Mae arni angen prynu tri arall. Faint o arian fydd arni ei angen?

• •

4. Mae gan yr ysgol 25 pêl-droed. Mae'r tîm pêl-droed lleol wedi bod yn garedig ac wedi rhoi 8 pêl newydd i'r ysgol. Sawl pêl-droed sydd gan yr ysgol nawr?

• •

5. Mae gofalwr yr ysgol eisiau marcio sgwâr ar iard yr ysgol gyda phaent. Mae'n rhaid i bob ochr o'r sgwâr fod yn 2 metr o hyd. Bydd pob tun o baent yn marcio 5 metr. Sawl tun paent fydd arno ei angen?

• •

6. Mae'r 12 plentyn yn nosbarth 2 yn mynd ar drip ysgol. Os ydy pob plentyn yn mynd â photel o ddŵr sy'n dal 2 litr faint o ddŵr fydd ar y bws?

Gellir llungopïo'r dudalen hon gan y sefydliad sy'n prynu yn unig.

© Catherine Yemm

www.brilliantpublications.co.uk

Datrys Problemau Mathemateg – Blwyddyn 3   71

Gwers 4b

1. Mae Adam yn y ffair. Mae ganddo £1.20 i'w wario. Mae'n mynd ar y trên ysbryd sy'n costio 40c a'r dwmbwr dambar sy'n costio 25c. Faint o arian sydd ganddo ar ôl?

2. Mae'n ben-blwydd ar Marc ac mae wedi dod â bocs o losin i'w rannu rhyngddo e a'i bum ffrind. Mae 24 losin yn y bocs. Sawl losin fyddan nhw'n eu cael yr un?

3. Mae'n costio 80c i Parveen brynu pedwar brws paent newydd. Mae arni angen prynu tri arall. Faint o arian fydd arni ei angen?

4. Mae gan yr ysgol 35 pêl-droed. Mae'r tîm pêl-droed lleol wedi bod yn garedig ac wedi rhoi 18 pêl newydd i'r ysgol. Sawl pêl-droed sydd gan yr ysgol nawr?

5. Mae gofalwr yr ysgol eisiau marcio sgwâr ar iard yr ysgol gyda phaent. Mae'n rhaid i bob ochr o'r sgwâr fod yn 6 metr o hyd. Bydd pob tun o baent yn marcio 10 metr. Sawl tun paent fydd arno ei angen?

6. Mae'r 27 plentyn yn nosbarth 2 yn mynd ar drip ysgol. Os ydy pob plentyn yn mynd â photel o ddŵr sy'n dal 2 litr faint o ddŵr fydd ar y bws?

Gellir llungopïo'r dudalen hon gan y sefydliad sy'n prynu yn unig.
© Catherine Yemm

1. Mae Adam yn y ffair. Mae ganddo £2.20 i'w wario. Mae'n mynd ar y trên ysbryd sy'n costio 60c, a'r dwmbwr dambar sy'n costio 45c. Faint o arian sydd ganddo ar ôl?

2. Mae'n ben-blwydd ar Marc ac mae wedi dod â bocs o losin i'w rannu rhyngddo e a'i wyth ffrind. Mae 45 losin yn y bocs. Sawl losin fyddan nhw'n eu cael yr un?

3. Mae'n costio £1.20 i Parveen brynu pedwar brws paent newydd. Mae arni angen prynu tri arall. Faint o arian fydd arni ei angen?

4. Mae gan yr ysgol 45 pêl-droed. Mae'r tîm pel-droed lleol wedi bod yn garedig ac wedi rhoi 28 pêl newydd i'r ysgol. Sawl pêl-droed sydd gan yr ysgol nawr?

5. Mae gofalwr yr ysgol eisiau marcio sgwâr ar iard yr ysgol gyda phaent. Mae'n rhaid i bob ochr o'r sgwâr fod yn 8 metr o hyd. Bydd pob tun o baent yn marcio 10 metr. Sawl tun paent fydd arno ei angen?

6. Mae'r 37 plentyn yn nosbarth 2 yn mynd ar drip ysgol. Os ydy pob plentyn yn mynd â photel o ddŵr sy'n dal 2 litr faint o ddŵr fydd ar y bws?

Gellir llungopïo'r dudalen hon gan y sefydliad sy'n prynu yn unig.

© Catherine Yemm

www.brilliantpublications.co.uk

Datrys Problemau Mathemateg – Blwyddyn 3   73

Defnyddio sgiliau rhif

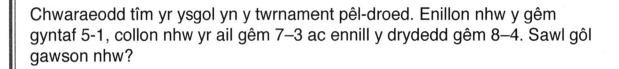

Gweithgaredd dosbarth cyfan

Chwaraeodd tîm yr ysgol yn y twrnament pêl-droed. Enillon nhw y gêm gyntaf 5-1, collon nhw yr ail gêm 7–3 ac ennill y drydedd gêm 8–4. Sawl gôl gawson nhw?

Mae'n costio £2.50 i 5 o blant i fynd i nofio yn y ganolfan hamdden. Faint mae'n ei gostio y plentyn?

Mae'r plant yn nosbarth 3 yn dysgu am y tywydd. Maen nhw wedi bod yn mesur y tymheredd yn yr ystafell ddosbarth. Fore Llun roedd yn 12°C. Ganol dydd aeth i fyny 5°C ond yn y prynhawn aeth lawr 8°C. Beth oedd y tymheredd ar ddiwedd y prynhawn?

Gellir llungopïo'r dudalen hon gan y sefydliad sy'n prynu yn unig.
© Catherine Yemm

1. Mae'n cymryd 10 munud i George wisgo amdano yn y bore. Faint o amser mae'n ei dreulio yn gwisgo amdano mewn wythnos?

2. Mae Sali a Matthew eisiau prynu cylchgrawn i'w rannu. Mae gan Sali £1.10 a Matthew £1.20. Mae'r cylchgrawn yn costio £2.50. Oes ganddyn nhw ddigon o arian?

3. Mae dosbarth 3 yn ymweld â'r sŵ ar drip ysgol. Mae eu hathro wedi prynu cnau i fwydo'r mwnciod. Mae ganddi 12 cneuen i'w rhannu rhwng 4 plentyn. Sawl cneuen fyddan nhw'n ei gael yr un?

4. Mae parsel mawr sy'n pwyso 18kg yn cyrraedd yr ysgol. Mae'r ysgrifenyddes yn tynnu pecyn o lyfrau sy'n pwyso 6kg a bocs o gryno ddisgiau sy'n pwyso 4kg allan o'r parsel. Faint mae'r parsel yn ei bwyso nawr?

5. Mae pob dosbarth yn yr ysgol wedi codi arian at elusen. Mae 6 dosbarth yn yr ysgol ac mae pob dosbarth wedi codi £3. Mae'r llyfrgell leol wedi dweud y bydd yn cyfrannu yr un faint o arian â'r ysgol. Faint o arian fydd yr elusen yn ei gael?

6. Mae glanhawr ffenestri yn mynd i lanhau ffenestri'r ysgol. Mae 8 ffenestr yn adeilad y dosbarth meithrin ac mae 12 yn adeilad y dosbarth derbyn. Faint o ffenestri fydd rhaid i'r glanhawr eu glanhau i gyd?

Gellir llungopïo'r dudalen hon gan y sefydliad sy'n prynu yn unig.

© Catherine Yemm

www.brilliantpublications.co.uk

Datrys Problemau Mathemateg – Blwyddyn 3   75

Gwers 5b

1. Mae'n cymryd 12 munud i George wisgo amdano yn y bore. Faint o amser mae'n ei dreulio yn gwisgo amdano mewn wythnos?

2. Mae Sali a Matthew eisiau prynu cylchgrawn i'w rannu. Mae gan Sali £1.15 a Matthew £1.50. Mae'r cylchgrawn yn costio £2.80. Oes ganddyn nhw ddigon o arian?

3. Mae dosbarth 3 yn ymweld â'r sŵ ar drip ysgol. Mae eu hathro wedi prynu cnau i fwydo'r mwnciod. Mae ganddi 24 cneuen i'w rhannu rhwng 4 plentyn. Sawl cneuen fyddan nhw'n ei gael yr un?

4. Mae parsel mawr sy'n pwyso 28kg yn cyrraedd yr ysgol. Mae'r ysgrifenyddes yn tynnu pecyn o lyfrau sy'n pwyso 6kg a bocs o gryno ddisgiau sy'n pwyso 12kg allan o'r parsel. Faint mae'r parsel yn ei bwyso nawr?

5. Mae pob dosbarth yn yr ysgol wedi codi arian at elusen. Mae 6 dosbarth yn yr ysgol ac mae pob dosbarth wedi codi £5. Mae'r llyfrgell leol wedi dweud y bydd yn cyfrannu yr un faint o arian â'r ysgol. Faint o arian fydd yr elusen yn ei gael?

6. Mae glanhawr ffenestri yn mynd i lanhau ffenestri'r ysgol. Mae 13 ffenestr yn adeilad y dosbarth meithrin ac mae 18 yn adeilad y dosbarth derbyn. Faint o ffenestri fydd rhaid i'r glanhawr eu glanhau i gyd?

Gellir llungopio'r dudalen hon gan y sefydliad sy'n prynu yn unig.

© Catherine Yemm

1. Mae'n cymryd 14 munud i George wisgo amdano yn y bore. Faint o amser mae'n ei dreulio yn gwisgo amdano mewn wythnos?

2. Mae Sali a Matthew eisiau prynu cylchgrawn i'w rannu. Mae gan Sali £2.05 a Matthew £1.28. Mae'r cylchgrawn yn costio £3.50. Oes ganddyn nhw ddigon o arian?

3. Mae dosbarth 3 yn ymweld â'r sŵ ar drip ysgol. Mae eu hathro wedi prynu cnau i fwydo'r mwnciod. Mae ganddi 48 cneuen i'w rhannu rhwng 4 plentyn. Sawl cneuen fyddan nhw'n ei gael yr un?

4. Mae parsel mawr sy'n pwyso 48kg yn cyrraedd yr ysgol. Mae'r ysgrifenyddes yn tynnu pecyn o lyfrau sy'n pwyso 16kg a bocs o gryno ddisgiau sy'n pwyso 12kg allan o'r parsel. Faint mae'r parsel yn ei bwyso nawr?

5. Mae pob dosbarth yn yr ysgol wedi codi arian at elusen. Mae 6 dosbarth yn yr ysgol ac mae pob dosbarth wedi codi £7. Mae'r llyfrgell leol wedi dweud y bydd yn cyfrannu yr un faint o arian â'r ysgol. Faint o arian fydd yr elusen yn ei gael?

6. Mae glanhawr ffenestri yn mynd i lanhau ffenestri'r ysgol. Mae 23 ffenestr yn adeilad y dosbarth meithrin ac mae 28 yn adeilad y dosbarth derbyn. Faint o ffenestri fydd rhaid i'r glanhawr eu glanhau i gyd?

Gellir llungopïo'r dudalen hon gan y sefydliad sy'n prynu yn unig.

Defnyddio sgiliau rhif

Gweithgaredd dosbarth cyfan

Mae Hannah yn cynilo 40c o'i harian poced bob wythnos. Faint o arian fydd ganddi ar ôl 6 wythnos?

Dw i'n meddwl am rif. Dw i'n ychwanegu 20 ac yna yn tynnu 7. Fy ateb ydy 45. Beth oedd fy rhif?

Mae'n rhaid i'r athro wrando ar 5 o blant yn darllen cyn yr egwyl. Mae 20 munud tan yr egwyl. Faint o amser all yr athro ei dreulio gyda phob plentyn?

www.brilliantpublications.co.uk   Gellir llungopïo'r dudalen hon gan y sefydliad sy'n prynu yn unig.

78   **Datrys Problemau Mathemateg – Blwyddyn 3**   © Catherine Yemm

1. Mae mam-gu a thad-cu Glain yn rhoi £3.00 iddi ar ei phen-blwydd. Mae'n prynu rhaff sgipio am £1.20. Faint o arain sydd ganddi ar ôl?

2. Mae'n costio £2.00 i anfon parsel sy'n pwyso 2kg a £1.00 i anfon parsel sy'n pwyso 1kg. Mae ar Mrs Hale angen anfon dau barsel sy'n pwyso 2kg a thri parsel sy'n pwyso 1kg. Faint o arian fydd arni ei angen i anfon y parseli?

3. Mae rhiant wedi rhoi £10 i'r ysgol i brynu llyfrau barddoniaeth newydd i'r llyfrgell. Mae'r llyfrau newydd yn costio £3 yr un. Faint o lyfrau fyddan nhw'n gallu eu prynu? Faint o arian fydd ar ôl?

4. Mae 26 plentyn yn nosbarth 3. Mae nhw yn yr iard yn hedfan barcutiaid mae nhw wedi'u gwneud. Mae gwynt mawr yn chwythu 9 barcud i ffwrdd. Faint o blant sydd dal gyda barcud?

5. Mae trac wedi'i beintio ar gae yr ysgol sy'n mesur 23 metr. Mae'r pennaeth eisiau gwneud y trac 11 metr yn hirach. Pa mor hir fydd y trac newydd?

6. Mae Macsen a Seren yn chwarae gêm parau. Mae Macsen wedi codi 11 pâr yn y gêm hyd yma. Mae gan Seren 6 cerdyn yn fwy na Macsen. Sawl cerdyn sydd gan Seren?

Gellir llungopïo'r dudalen hon gan y sefydliad sy'n prynu yn unig.
© Catherine Yemm

Gwers 6b

1. Mae mam-gu a thad-cu Glain yn rhoi £5.00 iddi ar ei phen-blwydd. Mae'n prynu rhaff sgipio am £1.20. Faint o arain sydd ganddi ar ôl?

2. Mae'n costio £5.00 i anfon parsel sy'n pwyso 2kg a £3.00 i anfon parsel sy'n pwyso 1kg. Mae ar Mrs Hale angen anfon dau barsel sy'n pwyso 2kg a thri parsel sy'n pwyso 1kg. Faint o arian fydd arni ei angen i anfon y parseli?

3. Mae rhiant wedi rhoi £20 i'r ysgol i brynu llyfrau barddoniaeth newydd i'r llyfrgell. Mae'r llyfrau newydd yn costio £3 yr un. Faint o lyfrau fyddan nhw'n gallu eu prynu? Faint o arian fydd ar ôl?

4. Mae 36 plentyn yn nosbarth 3. Mae nhw yn yr iard yn hedfan barcutiaid mae nhw wedi'u gwneud. Mae gwynt mawr yn chwythu 14 barcud i ffwrdd. Faint o blant sydd dal gyda barcud?

5. Mae trac wedi'i beintio ar gae yr ysgol sy'n mesur 33 metr. Mae'r pennaeth eisiau gwneud y trac 16 metr yn hirach. Pa mor hir fydd y trac newydd?

6. Mae Macsen a Seren yn chwarae gêm parau. Mae Macsen wedi codi 11 pâr yn y gêm hyd yma. Mae gan Seren 10 cerdyn yn fwy na Macsen. Sawl cerdyn sydd gan Seren?

Gellir llungopïo'r dudalen hon gan y sefydliad sy'n prynu yn unig.
© Catherine Yemm

1. Mae mam-gu a thadcu Glain yn rhoi £8.00 iddi ar ei phen-blwydd. Mae'n prynu rhaff sgipio am £3.70. Faint o arain sydd ganddi ar ôl?

2. Mae'n costio £8.00 i anfon parsel sy'n pwyso 2kg a £5.00 i anfon parsel sy'n pwyso 1kg. Mae ar Mrs Hale angen anfon dau barsel sy'n pwyso 2kg a thri parsel sy'n pwyso 1kg. Faint o arian fydd arni ei angen i anfon y parseli?

3. Mae rhiant wedi rhoi £35 i'r ysgol i brynu llyfrau barddoniaeth newydd i'r llyfrgell. Mae'r llyfrau newydd yn costio £3 yr un. Faint o lyfrau fyddan nhw'n gallu eu prynu? Faint o arian fydd ar ôl?

4. Mae 36 plentyn yn nosbarth 3. Mae nhw yn yr iard yn hedfan barcutiaid mae nhw wedi'u gwneud. Mae gwynt mawr yn chwythu 19 barcud i ffwrdd. Faint o blant sydd dal gyda barcud?

5. Mae trac wedi'i beintio ar gae yr ysgol sy'n mesur 43 metr. Mae'r pennaeth eisiau gwneud y trac 22 metr yn hirach. Pa mor hir fydd y trac newydd?

6. Mae Macsen a Seren yn chwarae gêm parau. Mae Macsen wedi codi 11 pâr yn y gêm hyd yma. Mae gan Seren 14 cerdyn yn fwy na Macsen. Sawl cerdyn sydd gan Seren?

Gellir llungopïo'r dudalen hon gan y sefydliad sy'n prynu yn unig.

www.brilliantpublications.co.uk

© Catherine Yemm

Datrys Problemau Mathemateg – Blwyddyn 3   81

Atebion

Datblygu ymresymu rhifyddol

Gwers 1 (tud 10)
A: 20; B: £2.60; C: stori
Gwersi 1a–1c (tt 11–13)

C	1a	1b	1c
1	tynnu	tynnu	tynnu
2	12	16	24
3	10	13	38
4	3.20 pm	3.31 pm	3.35 pm
5	10	23	30
6	60c	£1.20	£2.40

Gwers 2 (tud 14)
A: 18; B: tynnu; C: 3.57 pm
Gwersi 2a–2c (tt 15–17)

C	2a	2b	2c
1	£20	£50	£58
2	12	24	30
3	12	24	30
4	Mai 17eg	Mai 24ain	Mai 31ain
5	stori	stori	stori
6	18	20	32

Gwers 3 (tud 18)
A: 45c; B: 14 munud; C: 60cm
Gwersi 3a–3c (tt 19–21)

C	3a	3b	3c
1	20g	50g	100g
2	6	17	34
3	stori	stori	stori
4	9.00 am	8.45 am	8.55 am
5	£1.30	£1.85	£2.25
6	lluosi	lluosi	lluosi

Gwers 4 (tud 22)
A: 2; B: 7 wythnos; C: 14
Gwersi 4a–1c (tt 23–25)

C	4a	4b	4c
1	£1.90	£2.55	£4.00
2	stori	stori	stori
3	4.30	5.00	5.45
4	15	15	35
5	24	24	44
6	adio	adio	adio

Gwers 5 (tud 26)
A: 3.15 pm; B: 200g; C: 18
Gwersi 5a–5c (tt 27–29)

C	5a	5b	5c
1	24	36	56
2	rhannu	rhannu	rhannu
3	16 munud	32 munud	48 munud
4	8cm	13cm	28cm
5	20c	30c	46c
6	stori	stori	stori

Gwers 6 (tud 30)
A: £2.50; B: 3; C: 20
Gwersi 6a–6c (tt 31–33)

C	6a	6b	6c
1	£1.00	£1.60	£2.50
2	stori	stori	stori
3	26 munud	39 munud	56 munud
4	lluosi	lluosi	lluosi
5	24	36	46
6	22	24	52

Datblygu ymresymu rhifyddol: Adnabod prosesau a chysylltiadau

Gwers 1 (tud 34)
A: oes, trafodaeth dosbarth
B: cywir
C: **3**2 + **1**4 = 46

Gwersi 1a–1c (tt 35– 37)

C	1a	1b	1c
1	Llinell rif gydag odrifau wedi'u hamlygu		
2	Llinell rif i ddangos eilrifau		
3	**18** – 10 = 8	**25** – 17 = 8	**45** – **27** = 18
4	Cyfansymiau yn amrywio		
5	3, 3	4, 3	6, 3
6	Symiau yn amrwyio		

Gwers 2 (tud 38)
A: 10, 20, 30, 40, 50 ayb
B: dangos gweithio allan
C: unrhyw 5 cyfrifiad cywir

Gwersi 2a–2c (tt 39–41)

C	2a	2b	2c
1	Unrhyw luosiadau eilrif neu odrif		
2	Dangos gweithrediadau		
3	Unrhyw 5 cyfrifiad cywir		
4	cywir	cywir	cywir
5	adio	adio	adio
6	5, 5	6, 6	6, 7

Gwers 3 (tud 42)
A: unrhyw luosi gydag ateb uwch na 25, ee 5 x 6, 6 x 6;
B: unrhyw 2 gyfrifiad yn defnyddio yr un rhifau mewn trefn wahanol,
ee 4 + 5 + 1 = 10 neu 1 + 5 + 4 = 10;
C: 1 x 2 = 2, 2 x 3 = 6, 3 x 4 = 12

Gwersi 3a–3c (tt 43–45)

C	3a	3b	3c
1 Enghreifftiau	8 ÷ 4 = 2 4 ÷ 2 = 2 2 ÷ 1 = 2	16 ÷ 4 = 4 14 ÷ 7 = 2 12 ÷ 6 = 2 10 ÷ 5 = 2 18 ÷ 9 = 2	28 ÷ 4 = 7 25 ÷ 5 = 5 20 ÷ 10 = 2 22 ÷ 11 = 2 24 ÷ 8 = 3
2	Dangos gweithrediadau		
3	4	6	7
4 Enghreifftiau	9 + 8 = 17 12 + 8 = 20	10 + 8 = 18 15 + 8 = 23	18 + 8 = 26 27 + 12 = 39
	unrhyw ddau gyfrifiad, un odrif, un eilrif		
5	**28** – 15 = 13	**48** – 35 = 13	**68** – **55** = 13
6 Enghreifftiau	3 + 4 + 6 + 7 2 + 5 + 6 + 7	1+3+4+8+9 1+3+5+7+9	2+3+4+7+8+9 2+3+5+6+8+9

Gwers 4 (tud 46)
A: cywir; B: cywir; C: cywir

Gwersi 4a–4c (tt 47–49)

C	4a	4b	4c
1	cywir	cywir	cywir
2	cywir	cywir	cywir
3	cywir	cywir	cywir
4	cywir	anghywir	cywir
5	2	2	2
6	Unrhyw lythyren gyda 1 llinell cymesuredd	Unrhyw lythyren gyda 2 linell cymesuredd	Unrhyw lythyren gyda 3 llinell cymesuredd

Gwers 5 (tud 50)
A: cywir; B: 2 sgwâr, 2 driongl, 2 gylch, 1 pentagon; C: ciwboid

Gwersi 5a– 5c (tt 51–53)

C	5a	5b	5c
1	cywir	cywir	cywir
2	triongl neu betryal	sgwâr neu betryal neu driongl	triongl neu betryal
3	cywir	cywir	cywir
4	silindr	prism triongl	prism pentagonol
5	trafodaeth dosbarth am lythrennau		
6	sgwâr	yr un fath	petryal

Gwers 6 (tud 54)

A: cywir; B: cywir;

C: 6 ochr, 8 cornel, 24 ongl sgwâr

Gwersi 6a– 6c (tt 55–57)

C	6a	6b	6c
1	cywir	cywir	cywir
2	8	12	16
3	Priodweddau: 4 ochr, 4 cornel, 4 ongl sgwâr		
4	ciwb neu giwboid	atebion yn amrywio	prism hecsagonol
5	sffêr, silindr, prism triongl	sffêr, pyramid triongl, silindr	silindr sffêr
6	ciwboid	ciwboid	prism hecs.

Defnyddio sgiliau rhif

Gwers 1 (tud 58)

A: 40; B: Oes, mae ganddi £2.50;

C: 29 munud

Gwersi 1a–1c (tt 59–61)

C	1a	1b	1c
1	28	35	45
2	200g	400g	600g
3	55c	£1.10	£2.12
4	18 mun	35 mun	59 mun
5	24	48	74
6	60c	90c	£1.20

Gwers 2 (tud 62)

A: £1.20; B: 5.25 pm; C: 16

Gwersi 2a–2c (tt 63–65)

C	2a	2b	2c
1	£1.94	£4.44	£9.84
2	10kg	5kg	5kg
3	16	24	32
4	25c	50c	65c
5	28 mun	28 mun	43 mun
6	37c	55c	75c

Gwers 3 (tud 66)

A: 25c; B: 24; C: 24

Gwersi 3a–3c (tt 67–69)

C	3a	3b	3c
1	Amryw o bosibiliadau		
2	20 litr	38 litr	48 litr
3	19	16	30
4	30c	67c	88c
5	21	28	28
6	bydd, 2m	bydd, 4m	bydd, 16m

Gwers 4 (tud 70)

A: amrywiaeth; B: 20; C: 25

Gwersi 4a–4c (tt 71–73)

C	1a	1b	1c
1	30c	55c	£1.15
2	7	4	5
3	30c	60c	90c
4	33	53	73
5	2 dun	3 tun	4 tun
6	24 litr	54 litr	74 litr

Gwers 5 (tud 74)

A:16; B: 50c; C: 9°C

Gwersi 5a–5c (tt 75–77)

C	5a	5b	5c
1	70 mun	84 mun	98 mun
2	Na, + 20c	Na, + 15c	Na, + 17c
3	3	6	12
4	8kg	10kg	20kg
5	£36	£60	£84
6	20	31	51

© Catherine Yemm

Gwers 6 (tud 78)
A: £2.40; B: 32; C: 4 munud
Gwersi 6a–6c (tt 79–81)

C	6a	6b	6c
1	£1.80	£3.80	£4.30
2	£7.00	£19.00	£31.00
3	3 llyfr £1 o newid	6 llyfr £2 o newid	11 llyfr £2 o newid
4	17	22	17
5	34 metr	49 metr	65 metr
6	28	32	36

© 2014 Packt Publishing. All rights reserved.

cent
07/06/17

Lightning Source UK Ltd.
Milton Keynes UK
UKOW04f2019280317
297737UK00001B/5/P

Newport Library and
Information Service

9 781783 172863